班雅明與他的時代

逃　亡

3

費德雷・帕雅克 Frédéric Pajak　著

梁家瑜　譯

Manifeste Incertain

La mort de Walter Benjamin. Ezra Pound mis en cage

目次

進一步報告

「無論是什麼不幸：或是我們遭到了欺騙，而這並不是不幸，如果它是誕生自我們有罪的不足。而同樣地，我們被騙是我們的錯，我們同樣不應向任何人問罪，除了我們自己，不論是為了什麼樣的不幸。現在你應該受到安慰了。」

切薩雷‧帕韋斯（CESARE PAVESE）[1]

《生存的技藝》

1937 年 1 月 28 日

　　兒時，我討厭笑。我的意思是：我不喜歡參加集體的笑。一桌人的笑或是群眾的笑讓我感到辛苦。再者，來自群眾的一切、歸諸群眾的一切都讓我討厭。我抿著雙唇艱難地拉伸：我微笑。

　　愛倫坡的詩〈鬧鬼的宮殿〉中寫道：

　　醜惡的群眾奮力往前衝，

　　群眾會笑──但永遠不會微笑。

　　我的微笑是為難的微笑。什麼都讓我感到為難：表達熱情或熟悉的姿態、責備、誇獎。我這持續的為難是哪來的？一定有什麼事發生在我還很小的時候：我祖母把我抱得太緊、某個姑姑的撫摸。我肯定曾經用微笑來抽身。

　　事實上，必須微笑讓我受苦，因為我微笑是為了不用回應，為了將對話截短。

　　法語有句表達說：「舌頭叉住了他。」有時實際上某個字越過了我的思想從我嘴裡吐出，或是說和我的思想不同的東西。這個字可能是笨拙的、令人不快的、粗野的、敵對的、暴力的。這個字讓我感到困擾。它讓我尷尬，它嚇到了我的對話者。我後悔了。我覺得丟臉。但為什麼丟臉？這個字，我並沒真的想到它。它不屬於我。這個叉住我的字，它不完全是口誤。我並不賦予它任何和我的無意識的關係。這是個多的字。它什麼都不缺，只缺：那些多的字。

　　對保羅・尼宗（Paul Nizon）而言，他的書就像一筆遺產，在他背後拉出一條粉末的痕跡。這讓他能「爬到光亮所在」。在《向書寫前行》（*Marcher à l'écriture*），他界定自己是個「說者」，亦即「某個感到自己必須對自己說自己看到、學到、感到什麼的人」，不然就會將事物、人，乃至他的生命都拋入虛無。書寫拯救了這些免於不存在（l'inexistence）、非現實（l'irréalité），甚至，「只有變成語言的實在（réalité）才是已獲得的實在」。因此，實在並不存在自身之內；他需要文字，寫下來的字，好獲得存在的權利。

　　但說出的字又是什麼呢？它們是否只能塑造實在的影子，或是永遠都是轉瞬即逝的？在口語傳播的社會裡，它們才是實在的供應者。交流的字不僅揭示了當下的瞬間，還透過傳說、童話、史詩與箴言，確保了過去的持續存在。

　　而今，我們叨絮不休，但在我們零碎的、不斷被打斷的談話中，還剩下什麼實在呢？被說出的話不再保證什麼。吐出的字在普遍的絮叨中失落了。必須重複這些字眼，重述它們，直到它們企及語言的品質。或許結巴，為了讓每個字的每個音節都倍增，並倍增實在被完成的可能性。

　　然而，在實在的背後，揭示了字眼背後隱匿著另一個實在：夢的實在。切薩雷‧帕韋斯把這視為某個存在的、完全確實的世界。而當我們穿透它，在每次我們入睡時，「夢就在等著我們。」不是我們創造了夢：它們早已在那兒。

我提著一桶合成樹脂
一種據說能讓人窒息的危險產品
被用於製造光華閃亮的地板
在診所大廳與健身房裡

那時我是個臨時工，也就是屁都不是
隨時能被老闆解雇的那個
儘管沒有任何工人犯錯
我蒙受了人類弟兄的蔑視

在我年輕的歲月，我是個可悲的人
我抽乾了一肚子水殺死自己
用混著沙的木屑
好用一個如此灰暗的顏色重新粉刷一切

我做了六個月的貨運司機
這是個肉品屠宰場
人們聽見動物，聽見牠們的哭喊與恐懼
人們聞到了牠們的屍體腐爛在垃圾場

我是夜班臥鋪車的服務生
從日內瓦出發，前進直到羅馬
在我的車廂裡，我輕撫著無聊
然而，有時我卻是最快樂的人

在臥鋪車服務生中有我們幾個
租了一輛偉士牌要去海邊
早上九點左右，我們空腹
喝了啤酒和苦味的烈酒

然後在黃昏時我們再度出發
蹣跚地上了火車，在一名羅馬女郎的臂彎裡
她終於給了我們一個沒有故事的吻
我們保存著那味道至少一星期

這樣的零工，我做了幾十個
印刷學徒，工地勞工
我討厭工作和工人的世界
那些重複的命令，那些低俗的嚎叫

我痛恨我的生命和這一切失去的時間
累人的白日與暫時的夜晚
令人不快的時刻，嘲弄的姿態
所有這些被窒息的話和誤解

我在拉丁區又看見我自己
滿身孤獨找一個人
一道目光，一個聲音，在清晨
毫不重要、稀少乃至庸俗的話

我希望有人跟我談雨天、晴天
以及人們在吧檯說的無聊話
就著一杯葡萄酒好讓這一刻延續
或是讓眼睛在人行道邊上濕潤

　　至今為止，我盡力善用我的生命。我想要的，我沒實現太多。或許是因為我的隨便，或是因為我缺乏對成就的胃口。

　　更年輕些，在我工作的時候——用身體，不是用腦袋——，我在星期五晚上拿到現金酬勞，額度可笑。我存下一部分。當我不工作時，我就旅行，而我工作只是為了旅行。大眾旅遊還未贏得所有異國風情的角落。旅行還不是個產業。

　　因此我認識了古代的世界，在它們永遠消逝之前不久。我絲毫不感到懷舊。也不感到後悔。美好的回憶並未回到我的記憶裡：它們睡了，成為死人。

　　我成長於黃金三十年（les Trente Glorieuses）。那時我還是個孩子，而非演員。我過得舒適，放縱，對人生的崎嶇一無所知。一切都算安寧，儘管我認識不幸，以及令人悲痛的事件。我曾經痛徹心腑。我曾經悲傷。我曾經走過絕望的危機。

　　接著我認識了窮困。我付不出我的房租。我餓。我為了吃乞討。我認識了不義、殘暴。我並不為此抱怨。

　　如果我冷靜地看待我的生命，我不會找到任何偉大之處，那種流瀉出自命崇高或激動人心的歷史的偉大。在我生命的流逝中，也並非一切都是平庸或是可悲，但歷史與之並不相混。毋寧該說：我的生命上演卻沒有演員，在一片空洞的布景前面。我在這兒說著我住的城市或是山區，在西方世界的邊界。我談的是我的世代。

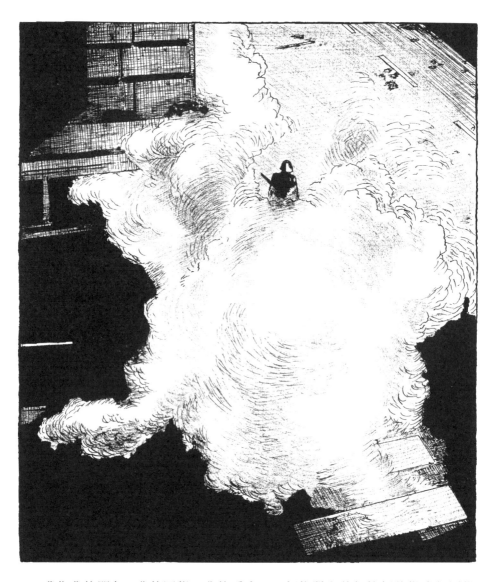

　　我像我的朋友、我的同學、我的愛人，一個物質主義很快便將徹底行遍世界的社會的同時代人。商品到處橫行，行遍各處。它們侵入我們內在。因為，在歷史上頭一回，我們其他年輕人有東西可買。人們稱我們為「年輕人」（la jeunesse），而我們忽略了這個稱呼表達了多少的嘲諷。我們成了顧客，成了「目標」（cibles）。

　為我們而生產的新產品在市場上大量出現，從新潮服飾到文化，並且沒忘記毒品。

　密集消費成了我們的生活模式，我們拋棄的床。誰能想像到消費會占據一天中這所有的空間？

　我們活在樂土，然而這一切對我們而言並不足夠。我們夢想著另一個社會。讓我們嚴詞拒絕宰制社會的，不是因為它的平庸、也不是因為它的不平等：我們的不滿在於別處。

　　我們召喚這種不滿，以一種幽默或是合適的犬儒語調。我們分析它，用很快就被否認的成語。我們與之戰鬥，卻從未打鬥。我們甚至治療它，例如用抗憂鬱劑。但什麼也不能真的給它一個合適的字眼。

　　有時候，當我們再也忍受不了的時候，我們便起而反抗。這是沒有出路的反抗：我們沒有什麼可以動搖建置秩序。這秩序立刻便適應了我們的口號、我們的主張。

　　只能說我們是傻子，我們的理念笨拙、粗略，特別是無效，因為我們沒有一個世界可以來反對「舊世界」。一些修補、一些讓步、一些細節的改革——經常會讓人喜歡，但比不上真正的革命。我們拉高音調，因為我們沒有什麼可說。而且我們什麼也沒說。

　　我就這樣在貧乏的理念中、在錯誤的情感中長大。我無法治癒它。面對我的失敗，我等不及掘墓人剷進最後一把土。我知道要掌握世界、時代、歷史是不可能的。在這歷史裡，連一根骨頭都沒剩下來好啃。它錯過直到它自盡。沒有什麼有生命的會突然發生。

　　然而，我們的不滿足卻加倍了。我們嘴裡還留著辣味，而這辣味還要提高。我們絕望了，但卻不敢承認。我們更愛說是覺醒（désenchantés）。我們是一個嬌弱世界裡死裡逃生的人。

　　1940 年 7 月 3 日，切薩雷‧帕韋斯在他的《生存的技藝》裡寫道：「這所有革命的歷史，這種看著歷史事件產生的欲望，這種壯麗的態度，是我們浸滿了歷史主義的後果，而正是為此，習慣於將世紀當作書頁的我們，企圖聽見未來的鐘聲，在每次驢叫的時候。」

　　現在，不滿足變了張臉，它不再化妝。它贏得了整個社會。我們用手指著它，我們把它拉到媒體的火線上，我們憐憫、安慰、治療：它永遠沒有自己的話。

　　但它有自己的傻子，這些人把自己擺到轉瞬便被吞噬的一刻的光芒底下，我們稱之為新聞。權力的喜劇演員、各種類型的專家、當紅綜藝咖，他們在化妝室裡漫步，臉上抹著粉底。他們的鼻孔已經不再能聞到災難的氣味。一切對他們而言都沒有氣味，正是這種不敏感，讓他們奮力將自己丟到公眾面前，在電視舞台的虛假燈光底下。就像沒有肉的鬼魂一樣，他們乞求掌聲。

我很快就會寫下人類的卑劣。我該從哪開始？從幸福開始。

維爾努許

「在這兒只有沉默能說話。」

塞萬提斯，《唐吉訶德》

　　1938 年底——在丹麥他的朋友貝爾托特・布萊希特家長住之後，華特・班雅明回到他的住處，東巴斯勒路（rue Dombasle）10 號，在巴黎第十五區。法國要拉近與納粹德國的努力令他憂慮。他怕對德國難民表現出些許同情的法國人會突然改變態度。懷疑就此扎根。某種「外國人條例」正在準備中，而「歐洲司法秩序的傾圮使得一切形式的立法都成了騙子」。

　　至於規劃法國的前景，他已不再相信。

　　1939 年初表面微恙。同樣的，在 1 月 10 日，格瑞特爾・阿多諾（Gretel Adorno）從紐約給他寫信：「如果你願意，你是否能給我寄一份好的巧克力慕斯的食譜？」

　　但他的生活條件和冬天的降臨突然激發了他的憂鬱症。在建築裡，電梯裡持續傳來的噪音讓他無法專心與休息。

　　然後，壞消息：題為〈波特萊爾時期第二帝國的巴黎〉的文章，他為社會研究所——他從 1935 年起開始合作的機構——的雜誌提交給阿多諾的文章，激起的失望如此之大，他拒絕刊登。

　　在一封寫給他的朋友哥舒姆・舒勒姆的信裡，班雅明談到了卡夫卡，談到了他的幽默與他的小說《美洲》裡所描繪的「無邊的滑稽」。他將卡夫卡比為勞萊，將在馬克斯・布洛德（Max Brod）身上找到他的哈台。在他看來，肯定的是，要理解卡夫卡，需要能夠「解除喜劇面向裡的猶太教神學」。

　　1939 年 3 月──希特勒併吞了他所謂的「捷克剩下的地方」，創立了波西米亞與莫拉維亞保護領地。成千上萬的人逃難到法國，在行政上造成了前所未見的政治與物資問題──當然是無法解決的。

　　班雅明的財務處境將繼續惡化。社會研究所遇到了重大的困難。所長麥克斯‧霍克海默對他宣布，至今為止一直給付給他的收入將被取消。

　　除了他被視為受邀者長住，不論是在布萊希特，或是他的前妻朵拉家裡，除了從某些他不定期合作的報紙或是雜誌收到一些自由撰稿的酬勞之外，社會研究所的兩千四百法郎，儘管只算是名人的最低生活所需，但卻是他唯一的固定收入。在這水平以下的生活是不可想像的。他還寫信給舒勒姆，在 3 月 14 日：「當前世界的魅力在我眼裡太過微弱，未來世界的承諾太不確定，無法讓我決定進入其中。」

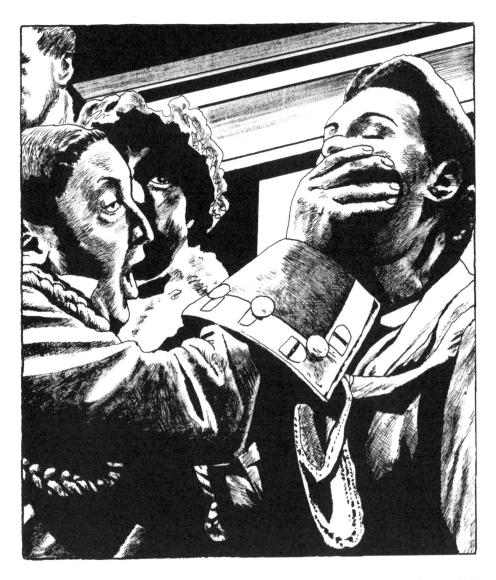

　　緊接著一篇刊登在莫斯科印刷的《字詞》雜誌（*Das Wort*）的文章後，班雅明失去了他的國籍——文章題為：〈巴黎人書簡：論法西斯的藝術理論〉。「來自德國的難民」的法文標題讓他有權獲得居留許可。這份文件能讓他毫無困難地獲得簽證前往巴勒斯坦。在同一封寫給舒勒姆的信裡，他再次提起了到耶路撒冷與他相聚的可能性，並補充道：「在許多不同的土地為猶太人而分裂的危險區域當中，眼前的法國對我而言是最具威脅的，因為在這裡我在經濟上完全孤立無援。」

　　然而到了4月，班雅明不再提起巴勒斯坦：他想要前往美國，而這看來極不可能，因為等候的清單長得令人絕望。領事館說要獲得簽證得等「四或五年」的時間。此外，還得要有社會研究所提名他負責課程，而這並不是霍克海默優先操煩的事情。

　　在一封寫給瑪格瑞特・許戴芬（Margarete Steffin）的信件後語：

　　「維也納的瓦斯公司已經停止輸送瓦斯給猶太人。猶太大眾的瓦斯使用造成了公司的損失，因為正是最大的消費者不付帳單。猶太人寧可用瓦斯來自殺。」

　　儘管戰爭的威脅日復一日顯得無可避免，班雅明卻執意要待在法國。他相信「希望只會降臨在失去一切希望的人」。

莫斯科，1939 年 8 月 23 日——在史達林面前，外交部部長里賓特洛夫與莫洛托夫簽署了一份第三帝國與蘇聯之間的互不侵犯條約。法國的共產主義者們彷彿成了納粹的盟友。對班雅明而言，讓蘇聯作為防禦德意志國防軍（Wehrmacht）的好戰主義的堡壘的朦朧盼望，就此煙消雲散。

　　長久以來，他都知道必須要「切斷為人類提供解決方案的徒勞奢望，就連各種『總體』體制（systèmes "totaux"）的無恥觀點都得放棄」。

　　威瑪共和時期的左派犯下了無可彌補的錯誤。至於人民陣線（Front populaire）的左派，從現在起肯定的是它時日無多了。工人階級以及其各式各樣的盟友無法實現原初的馬克思主義的願景。幻想的時間已經徹底結束了：法西斯主義大獲全勝，史達林主義是其共謀——暫時是如此。

　　9 月 1 日——德軍入侵波蘭。

　　9 月 3 日——英國在 12 時對德國宣戰，法國在 17 時。達拉第政府[2]透過布告向所有十七到五十歲的德國人與奧地利男性宣布，不論他們是難民還是希特勒政權的同情者，都得進到集體營區裡。至於女性，則應到其他營區報到——例如冬季自行車運動館（Vélodrome d'Hiver）。法國共有六十五個德國、奧地利與薩爾州難民的拘留營。毫無區別地，無論他們真實情況如何，這些僑民都代表了某種潛在的危險，從此被視為「敵對國民」。

柏林畫家沃爾斯（Wols）被關在米爾斯拘留營（le camp des Milles），位在普羅旺斯區艾克斯的城鎮上。他寫道：

戰爭到來
我人身被監禁
在被揀選的承諾底下
長期的羞辱
缺乏合適的分類
法國的猶太朋友
溫馴的種族
並不真是個種族
而是某種社群
通常不太靈光。通常是
極佳的（就像地球上所有人一樣）
農業工人、醫生、
波西米亞藝術家知識分子
布爾喬亞，以及正統派
知道他們被交給了他們的
敵人
政治（傻事）
會帶來蠢事
但背叛在於
這場戰爭的大樂隊
已經再也沒人觸碰

班雅明，已經來往生活於巴黎十二年的他，去了伊芙莊園奧林匹克體育場（stade olympique Yves-du-Manoir），在科倫布（Colombes）。他所有的行李，就是裝滿一皮箱的書和手稿。

在體育場裡，一條露天自行車道上，他遇見了海因里希·布呂赫（Heinrich Blücher），漢娜·鄂蘭的伴侶，他在兩年前就見過他了。他們兩人都獲准待在跑道一角，避開充斥著觀眾台的雜亂。他們在那兒待了九天，夜裡睡在潮濕難聞、一直乾不了的稻草上。他們僅有的飲食，是分派給他們的麵包與肝醬。

　　衛生條件可悲：人們用空罐頭洗澡，在木桶裡如廁。被監禁的人，他們的錢、有價物品與紙張，都被體育場的負責人拿走了，共犯還有法國警察。班雅明屬於最年長的一批人。他驚訝於他冷漠的表情，他恍若身在他方的氣質。他認識了漢斯・薩爾（Hans Sahl）這名作家和另一個令他感到深刻同情的年輕人，麥克斯・阿宏（Max Aron）。犯人們被用公車護送到奧斯特利茲火車站（la gare d'Austerlitz）。在這裡，他們被塞進青灰色的車廂，出發前往涅夫勒省（Nièvre）。

　　旅途持續了一整天，直到尼維爾（Nevers）；夜裡，他們要在黑暗中徒步疾行兩小時。班雅明力氣將盡。心臟有病的他，癱倒了好幾次。麥克斯·阿宏扶著他，又提著他的皮箱。稍晚，在營地裡，他站在他身邊，「幫助他，服侍他，就像門徒對待尊敬的主人一般」。

　　難民最終抵達了維爾努許城堡（château de Vernuche），在聖約瑟夫莊園（clos Saint-Joseph），但權力被轉移給「志願勞工營」。這兒沒有燈，沒有床，沒有桌子，沒有椅子，甚至沒有釘子好讓他們掛東西。筋疲力竭的人們還是在地上睡了。

　　三百個人聚集在同一個屋簷下。班雅明認識了漢斯·費特寇（Hans Fittko）
——而這將是場決定性的相遇。麗莎·費特寇（Lisa Fittko）將會在一場和理查·
海納曼（Richard Heinemann）的對談中說：「他不知道如何保護自己免於寒冷和
雨水。而我先生呢，他對日常生活的事情非常精明，因此決定幫他。」她又補充：
「他很怪。出生不幸的鳥。」

　　老菸槍的班雅明跟漢斯・費特寇承認,他才剛戒菸,戒斷期非常辛苦。「這個時間點或許選得不好,」他對費特寇說。但班雅明又說了:「我無法承受營區的生活條件,除非我不得不動用我一切的內在力量,集中在一件重要的事上。在當前的情況下,這件事就是停止抽菸。結果,這成了我的救生圈。」

9 月 25 日——班雅明寄了封信給格瑞特爾，祈求她用法文回覆，以配合審查工作的進行：「直到目前為止，我們的命運依然絲毫未曾確定。無庸贅言，盼望包含著黑暗的時刻。在一個這麼龐大、構成如此多元的社群中的生活，並不總是容易的。回過頭來，必須承認有種善意的同志精神在這個營區裡盛行，而權威者也表現出真正的忠誠。」

　　班雅明這段時期的書信很少，依規定不允許個人每月寄送超過八封信。然而在 10 月 23 日，他還是寫了信給讓・巴拉爾（Jean Ballard），《南方筆記》（*Cahiers du Sud*）的總編：「我想要與您在精神上交流，懷著希特勒將被打敗，而無法讓一個共和國解開這些纏擾我們記憶的可怕年歲的希望。」

　　這人很友善地以回郵信封回覆他的信：「真正讓我感到悲傷的，是想到一個法國的朋友與法蘭西精神虔誠的熱愛者，會混淆漠不關心者與構成您周遭大部分人的敵視者。因此我希望您很快能得到肯認，在我見到您的十五年之後的這天，而人們會需要您可靠的合作。」

　　「您所表明的忠誠，特別是您從不間斷地在對我的國家的思考中所給予的高度評價，以及您經常令《南方筆記》受益的具穿透力的作品，都讓您配得這樣的肯認。」

　　「〔……〕您屬於那些為了顯示法蘭西的精神能夠並且應該產生在此刻其光明最能安慰人的歐洲精神的人。」

　　在營區裡，只有等待。至於被拘禁者的命運，一切都不明朗。人們談論著某個沒有人知道是怎麼回事的「分類委員會」。班雅明毫不抱怨地忍受著拘禁的條件，即不舒適與寒冷。然而他顯得像是對現實漠不關心。漢斯・薩爾（Hans Sahl）證實：「在思想與行動之間的悲劇性衝突，從未如此清楚地向我顯現，除了在這個身為馬克思主義者、卻恰恰尋求在聯合中實現馬克思主義的男人身上，我也未曾見過一個方法如此痛苦的失敗，在其對生活可愛的無知當中，卻相信能夠『改變』現實，但這個方法卻滿足於詮釋並蹣跚地追隨詮釋。班雅明所擁有的無可比擬的能力，即從細節出發理解整體的能力，這次卻回過頭來反對他。」

一天晚上，在看著鐵絲網另一頭的羊群吃草時，班雅明告訴薩爾：「我有天會回到咖啡館的露天座位上，啥也不幹，這是我僅剩的一切欲望。」

　　被拘禁者很快便體驗到一種純屬日耳曼精神的組織感。工作、整潔、秩序、紀律、服從：「從無序與混亂中誕生出一個社會。」

　　為了克服不確定感與無所事事，某些囚犯會進行長時間的討論，關於精神分析、哲學、政治。其中有樂團指揮漢斯・布呂克（Hans Bruck）、作家赫曼・克斯登（Hermann Kesten）與漢斯－艾里希・康明斯基（Hanns-Erich Kaminski）。班雅明在廣場上教了一堂哲學課。他對營區指揮官談到過一份「自然是極高水準的」期刊上的一個專題，一份專屬知識分子的刊物，好向法國人表明他們當作「敵人」關在這裡的是些什麼樣的人。刊物標題：《維爾努許公報：第五十四兵團勞動者週報》（*Bulletin de Vernuche. Journal des travailleurs du 54e régiment*）。

　　「這份週報或是雙週報應該作為營區生活的一面鏡子。它的用途是雙重的：它一方面針對被拘禁者；另一方面則針對他們的家屬以及他們的朋友，不分法國或是德國人。」班雅明組織並領導的是一個真正的編輯委員會。他決定目錄，依約會見他的合作者。會議中佐以偷渡進來的「生命之水」（eau-de-vie）。刊物會在尼維爾（Nevers）油印。銷售的利潤將進到救援基金裡。有鑑於刊物製作所需的費用，銷售價定在五十分，這將能有每期大約二十分的利潤。

　　公報的目標是：「讓維爾努許這個小社群的不同成員彼此熟悉，發展他們的同志情誼。刊物的作者特別應該感到彼此的親密，並為同志詮釋這樣的親密。作者遠非試圖找尋其自尊（amour-propre）的食糧，而應該緊密參與到營區的生活中。〔……〕如果刊物的總體特徵不尋求任何文學上的聲譽，它也不淪於簡單的娛樂。這並不排除嚴肅的消遣、謎語與邏輯問題，都將有其位置。」

另一個目的，是要讓難民們擺脫單調的反思與鬱悶的思索。它應該要有助於「某種心理衛生，在營區裡，甚至分散到法國的其他地區」。

在第一期中，有位編輯自薦要檢視被監禁者的人口統計，這是個由十八到五十歲之間的男性所組成的人口。「這些難民的出身、社會背景和法國友人，將指出德國的哪些層面特別受到希特勒主義的影響。當然，對於被監禁者的所謂種族構成的研究，也將在這篇文章中找到它應得的位置。」

另有一個專欄詳細敘述營區內的生活、軍事權威與被監禁者的關係、人類生活基本需求與盡可能滿足的方法：草褥的分派，整理房間、頂樓乃至走道，製作板凳、長椅、架子與掛鉤。

另有一份針對營區中流通的書籍所做的調查，包括最多人閱讀的是什麼書、讀者確切而言是哪些人：深思的或是偶一為之的讀者，習慣本書的讀者，不論是因為專業還是品味的緣故，還是為了打發時間而讀的等等。「最後，調查的作者將試圖分析在特殊處境——例如在三百個品味與社會條件如此殊異的人聚集在一起的處境下，閱讀的心理影響。」

還要制定一份清單，記錄被監禁者為了豐富他們的閒暇時間所做的努力，例如合唱團，連結於對歌唱的愛：流行曲目和古典金曲。「未受教育薰陶的聲音的評價提高，這提出了特殊的問題。這篇文章將說明儘管如此我們依然能以什麼方法應對。對個人抱負的壓制，是現代成功的主要條件。」

薩爾提議寫一篇題為〈一個從無到有的社會的誕生〉。主旨是「營區的社會學，包括對被監禁者的經驗的描述，從挖茅坑的第一鏟到他們建立的『文化的上層建築』」。

但《維爾努許公報：第五十四兵團勞動者週報》將不會有面世的一天，和班雅明先前曾經規劃過的另外兩份刊物一樣：1920 年的《新天使》（*Angelus Novus*），以及 1930 年的《批判與危機》（*Kritik und Krisis*）。

10 月 17 日，在巴黎近郊的玫瑰豐特奈（Fontenay-aux-Roses），保羅・里歐陀（Paul Léautaud）在他的《文學日記》（*Journal littéraire*）裡寫道：

「我們談論戰爭，因為它的稀奇，因為它的神祕，因為它充滿了新的手段，政治的與戰事的手段，是我們一無所悉的，我們也完全不知道它的底細，必須一直維持熱情，而認識掌控整個大局的一小群人又是多麼稀罕的事。〔……〕像我們這種人唯一的態度是：安靜、不信任與不屑。」

「紀德似乎給政府寫了信，要為政令宣導提供他的服務。這太妙了，出自這個同性戀清教徒的政令宣導，晦澀又變態。」

「人們在報紙上寫著莫名其妙的東西，語言的意義、語言的知識，都在不斷地消逝。對於許多的書，作者還都是有名的作家，我們也能這麼說。就連這些書的主題，也都受到外國影響的啟發，特別是俄國，例如，紀德或是杜哈梅爾筆下令人憎惡的杜斯妥也夫斯基。這人道主義、這利他主義、這福音、這政教分離的布道、這種詞彙與講道風格，這一切都距我們有千里之遙。我們再也不認識這個語言了，法國文學也不再是法國的。當一個國家到了這個地步時，它便岌岌可危了。」

11 月 19 日，里歐陀繼續寫道：

「到處都在流傳這消息，政府將讓一百萬殖民地軍人到前線，代替法國士兵。這就會讓這些人體會到法國殖民的好處。我們去殺害、掠奪、征服這些在自己的土地上平靜生活的人們，他們並未向任何人要求什麼，也未曾威脅過誰。」

「如今法國人對他們說：『來代替我們被打個頭破血流，好保衛法國。』甚者，我們並不請求他們，我們強迫他們入伍。對他們而言也是，這是義務役。這單純是可惡的。如今整個社會都配得上這個形容詞。」

波蘭人安德烈‧布考夫斯基在他的日記中寫道：
「我看見穿拖鞋在城裡走動的軍人。」

1939 年 11 月 16 日——班雅明從營區裡被放出來，多虧了他有影響力的朋友們：雅德里安‧莫尼耶（Adrienne Monnier）、西薇亞‧畢奇（Sylvia Beach）、吉賽爾‧弗洛因德（Gisèle Freund）、法蘭茨與海倫‧赫塞爾（Franz et Helen Hessel）、赫曼‧克斯登（Hermann Kesten）、朱爾‧羅曼（Jules Romains）、保羅‧瓦勒里（Paul Valéry）與保羅‧迪賈當（Paul Desjardins）。在亨利‧奧普諾（Henri Hoppenot，法國外交部主管之一）的強力協助下，他們從跨部會委員會取得了裁決。班雅明向法國主管當局肯定他「絕對的忠誠」。

11 月 17 日，他接到了吉賽爾‧弗洛因德的隻字片語：

親愛的朋友，我們的朋友奧普諾先生將從外交部打電話給您，您的釋放已經在昨日 11 月 16 日由篩選委員會裁定了。

您就此將獲釋，我們急切地等著您。我希望釋放您的命令能馬上送達您的指揮官之處。這是確定的了！因此請寬心，鼓起勇氣。

熱愛您的
吉賽爾

P.S.：我請求您立刻讓我們知道您的釋放命令是否已經送達。一旦我們知道確切的日期，我們將開車前來接您，但我希望這張明信片能及時送交給您。

削瘦又疲憊不堪的班雅明回到了巴黎，在經過數日待在莫城（Meaux）之後——理由不明。

11 月 25 日，他發現首都處於警戒狀態：「從下午四時起，整座城市都陷入灰暗之中。人們夜裡不再外出，孤獨緊盯著您。」

　　心臟的併發症讓他衰弱,每走三到四分鐘就要在人行道上停下來。醫生診斷他是心肌炎惡化。檢查就停在這裡,班雅明沒有打算進行更深入的檢查。

　　儘管並非毫無遲疑,但是在社會研究所的要求下,他重拾波特萊爾文章的書寫。他起了個新的標題:〈論幾個波特萊爾的主題〉。

　　回到他在東巴斯勒路的公寓,他也找回了那種不舒服、那種冰冷、電梯上纏擾人心的那種嘈雜,還不包含對面陽台某個「無能畫家」的口哨聲。

2. 指法國政治人物愛德華·達拉第（Édouard Daladier, 1884-1970）擔任總理時的政權。

信任

我刻意畫出我輕盈的思緒
但那思考者，我的思考已經改變
我想的閃過了我，過去的事物
總是在被抹去的當下
我的精神如此被這改變所整飭

艾蒂安·杜宏（ÉTIENNE DURAND）
《善變的哀詩》

　　褐色的樹叢散布在泥土田間，被拖拉機戳出印來。愛奧尼亞人在遠處閃爍，蹲伏的天線塔紅了眼，老舊的支柱也是，拉著他們老舊的繩子。有時，霎時間，從全速飛馳的火車上，看見成批新建的別墅、工廠的末端、一棟倉庫，然後，再一次，在爛泥上的車輪印外面，是冬眠的樹，一月將近不知所措的樹梢在滿是舊棉絮的天空下。世界閉著嘴，我們雕出了它的沉默。未成形的石膏，雄辯的骨架，我們數算自己死去的字，都黏在嘴巴的門上。

　　天空宛如髒牛奶。散落的淚水彷如人行道咳出的蒸氣。二月的寒冷並不轉冷；它在臉上戴上消沉的面具，皺著眼皮，彩繪玻璃般的眼，中立的嘴既不喊叫也不微笑。人們就這樣過下去，在路上，在工作，在房裡，沒有希望，夏天不來讓他們遲鈍。人們急得跺腳，儘管不耐只知道是什麼刺激了它。凝結成塊的黯淡天空？方的太陽？

　　夏天什麼時候回來，熱風何時輕觸大地背上的皮膚？

　　然後，銀色的沙丁魚在餘燼上冒著煙。飲一杯開胃酒，在成群飛過的斑鳩底下。將要有開懷的笑，多餘的閒聊，蟋蟀敲鑼打鼓，星點布滿在七月天空褪色的黑色手帕上。

　　還得抽出多少個冬天，從這時間的監獄中？監獄中的時間數算自己的時間，我們不願真的數算，是出於對數字的迷信，還是單純的膽怯？還有多少次，我會看到這灰色氣息的天空、這些像是斷腿的骨頭的樹木、這些在大白天點著的燈籠？

　　風不會將它的手枕在五月分的草地上。風：這一吻，然後是這一拳。兩株嫩草勉強躺在河邊向下傾斜的河岸。是我們。完全是我們。我們如此簡單，在雨中癱軟，在冷漠的太陽底下褪色，有時當涼風吹在我們身上，我們步履蹣跚。我們跌跌撞撞，被風吹散。

　　而你和我挽著手，在深夜死寂的城裡，往來的只有死車。城市巨大，搖晃。
它張開它的雙臂，它的牆，它的酒吧。它擁抱我們，我們在它裡面快活。

　　在街上，男人們彼此打架也打女人，救護車醒來，高叫，在橋梁與堤道間穿
梭，然後將流血的包裹丟到醫院去。

　　人們鑽進他們的包裹。捆綁好後，它們在路上奔跑。這些身體裡有大量的凝
血，大量的乾唾液。洗澡時，他們得先拆箱，然後他們的身體會重拾生命。

　　路燈、紅綠燈、汽車、櫥窗：路人雙眼圓睜，在群眾的陰影吞噬的各式手勢的陰影之間。這種城市的奇觀完全無法在鄉村的聚落中發生：那是個胡亂打造的世界。

　　在那邊，有個矗立著十字架、被苔蘚吞噬的沼澤地，只為死者的悲痛。但妳，妳還活著。我們的步伐在家人的墓穴中回響。妳雙腳合併一跳，跳到覆蓋死者的床的石板上，樸素的黑色樹木對妳的放肆感到興趣。

　　妳說了什麼壞話，我的小美女？妳覺得太熱了，妳脫下了妳的上衣。沒有死人洗過眼睛，相信我。沒有人，在這堆白骨當中，張開過嘴。只有野貓表示異議嗎？躲著太陽的野獸懂得閉嘴。而不論是活的，花盆與手提灑水罐，或是城市雇工，都沒有說半個字。妳裡面的死者顯露出活著。

夜晚忘記了白天

「敵人想要消滅歷史，我們衝撞著政令宣傳，
大腦的清洗，暴力，聞所未聞的奢侈。」

伊斯拉・龐德
《與唐納・霍爾的對談》
（*ENTRETIEN AVEC DONALD HALL*, 1962）

　　一個寫過這些話的人不可能是個徹底的壞蛋：「一個不以自己最好的作家為養分的民族，不過是一群令人厭惡的野蠻人。作家的社會功能是保護活著的語言，讓它繼續作為精確的工具。」

　　伊斯拉・龐德在 1939 年寫下這段話，評論荷內・克惹維（René Crevel）——這人四年後自殺了。同一年，在四月中，他離開了義大利，他生活的地方，前往美國，他出生的地方。他搭乘大型客輪義大利國王號（Italia Rex）。他全部的行李，就是一只手提箱和一個背包。

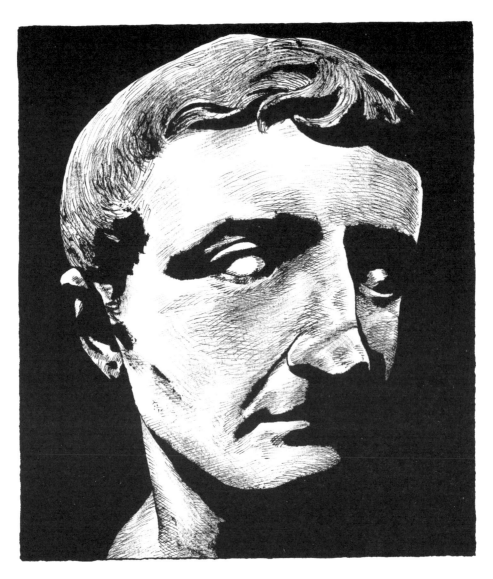

　　他的目標是說服法蘭克林‧德拉諾‧羅斯福總統,美國為了自身的利益,不應介入反對義大利的戰爭。龐德深處的動機非常混淆,儘管受制於他對於新一輪全球衝突的真誠恐懼。顯然,羅斯福並未同意與他會晤。

　　旅美期間,龐德會見了國會議員。然後,受詩人西奧多‧斯賓塞(Theodore Spencer)邀請,在哈佛大學發表了一場演說。6 月 12 日,漢米爾頓學院授予他榮譽學位。

　　在搭船返回義大利之前，他拜訪了詩人威廉・卡洛斯・威廉斯（William Carlos Williams）。這人為龐德對抨擊式政治的執迷性格感到憂心：「如果他繼續走在邊緣，他可能會遇上嚴重的麻煩。」

　　他補充：「這位老兄已經完蛋了，依我之見，除非他能夠驅散他心頭上的法西斯主義迷霧，但我非常懷疑他能做到。法西斯主義思考的邏輯很快就會害死他。我們無法透過援引某個受束縛的經濟計畫的新士林哲學，在爭論中清除對無辜女人與兒童的無理屠殺。」

　　根據威廉・巴特勒・葉慈（William Butler Yeats），龐德「可以生產出最優秀的作品，但同時卻有最不優秀的人的行為」。

　　他還說：「這是個經濟學家、詩人、政客，憤怒於性格與動機皆不可解的惡人，以及出現於兒童動物書的醜惡角色。這種自我控制的喪失，是缺乏教育的革命家身上的通病，而在有他的教養與學識的人身上卻是少見的（我們在雪萊身上可以發現一定程度同樣的狀況）。」

　　詹姆士・喬伊斯覺得他「能夠做出天才的發現與愚蠢的嚎叫」。

　　赫伯特・瑞德（Herbert Read）認為他是個「躁動而激越到了一種危險程度
的人」。

　　威德・劉易斯（Wyndham Lewis）認定他是個「單純的革命家，一個打破所
有門的浪漫派──無論門後是否有別的東西。他是真正的孩子，許多人嘗試過但
終歸徒勞。但有某些壓抑讓他無法在作品中進入這種本真的天真（這種天真讓他
成為一個詩人）。不幸的是，在這種壓抑中，他並不停止作態、皺眉、顯擺、表
現出極度博學的樣子、終結爭論、自抬身價、自命不凡，並為他這樣一個如此簡
單而有魅力的受造物感到傷心」。

　　恩斯特・海明威把他當作「一隻螞蟻，在寫詩以外的東西時，一百次有九十九次會徹底讓自己變成笑話」。

　　更後來，人們談到他時會說他是「最後一個體驗過歐洲悲劇的美國人」。

　　年屆七十七歲時，龐德在回答唐納·霍爾（Donald Hall）的問題時坦承：「我書寫是為了反抗歐洲及其文明已受詛咒的觀念。如果人們要為了我的理念將我釘上十字架——我的陰影正是圍繞著這個根本理念聚積起來的——或許正是為了這個理念，及歐洲文化應當存活下來的理念，其最好的品質應該存活下來，與其他文化一起，在不論哪個大學裡的理念。」

　　翌年，他對格拉琪雅・列維（Grazia Livi）[3]說：「我玷汙了我所摸到的一切。我一直都被騙了⋯⋯」

　　他堅持：「我一生都相信自己知道些什麼。後來奇特的一天降臨，我感到自己什麼都不知道。沒錯，我什麼都不知道。字詞的意義都被清空了。」

　　「如果我們相信您的話，當前的世界不過是一坨墮落，不存在任何拯救的出路呢？」

　　「不，那是另一回事：當代世界並不存在。不存在與過去和未來沒有關係的事物。當前的世界不過是種混合，只涵蓋這個時段。但，容我重述：從今起我再不知道任何事。我太晚才企及這至高的不確定性。」

　　然後唐吉訶德病了，變得憂鬱起來。

　　「您想說什麼，我的叔叔？」她問道，「您說的是哪樁罪，哪種赦免？」

　　「上帝剛為我做的那種，我親愛的姪女，以及，我再說一次，我的罪無法消除。我現在能自由而清醒地判斷，不再受到任何過去平凡與持續閱讀的可憎騎士小說在我頭上散布的無知烏雲所籠罩。」

3. 義大利作家與記者。

低語的禾草

「事實上，我們應該是一頁恆常白皙的紙，上頭我們可以書寫。然而，現實中，人們很快便轉變成劃破、畫滿格子的記事本，或是故事書。」

安德烈．布考夫斯基（ANDRZEJ BOBKOWSKI）
《戰爭時或和平時》（*EN GUERRE ET EN PAIX*）
1940 年 8 月 27 日

　　華特・班雅明左右遲疑：是要離開法國還是待下來？在 1940 年 1 月初，路過巴黎途中，他的前妻朵拉懇求他和她一起前往英國。他拒絕了。

　　儘管如此，他還是和美國大使館接觸，以取得緊急的特許簽證。他們給了他一張用途問卷，其中的第十四點問到：「您是否是任何某個教派的牧師，或是某個學院、神學院、研究院或是大學的教授？」

　　1939 年冬天與 1940 年春天之間，他寫了他的十八點〈歷史哲學論綱〉。其中他詳述了七月革命的第一天夜裡發生的情節，在巴黎的不同地點，在同一時刻並且互無交流的情況下，起義者朝時鐘開槍，「好讓這天停止」。

　　在將這份論綱寄給格瑞特爾時，他坦承：「戰爭及其所帶來的燦爛群星，讓我寫下這些我可以說已經被我封閉了，沒錯，封閉在我裡面二十年的思緒。〔……〕我將它們委託給你，像是一束低語的禾草，在沉思的散步途中採集而來，一如一列論綱。」

　　他知道這些論綱提出了某種高度實驗性的特性。它們讓他假設，記憶與遺忘的問題將繼續吸引他好一段時間。但沒有什麼想法比將之付梓更令他感到奇怪了，因為「它們將為曖昧的興奮者打開大門」。接著，他用下述話語結束他的信：

　　我們應警醒，要將最好的我們放在我們的書信中，因為沒有什麼跡象指出我們重逢的時刻已然靠近。

你年老且繼續年老的

德特列夫

班雅明是進步的警醒的反對者。他看進步，正如同人們看著啟示錄的騎士（cavaliers de l'Apocalypse）的衝鋒，任意地進發到古老世界的領土上蹂躪其風俗、景致、靈魂、一切。豎立起鐵的大教堂和裹著玻璃的水泥。吃汽油的汽車嘶吼著。現代性的喧囂表現令他擔憂，折磨著他。他變得憂鬱，知道事情不會倒退回頭，技術專家的囂張、科學與政治的近親結合、毀滅著並將毀滅一切，直到過往生命的最小的角落。

　　因為被判為不適合兵役，他未曾在第一次世界大戰的戰壕中作戰過。如果他不能很好地衡量人類災難的強度，或是只能從遠處衡量，他卻是景觀與毀壞城市之重建的見證人──因此也就是其現代化的見證人。戰爭是進步的獨裁統治的藉口。隨著自來水與電力而來的，是和平與消費者的馴化。舒適呼籲著一個全新的政府。如果資產家是進步的先驅，那共產主義者與法西斯主義者就是它最熱情的清談家。在所有人的物質福祉之外，他們還要求速度，新社會的代名詞。而速度不可避免將成為真正民主的死敵。這表示所有現代政權就其自身而言都是徹底的暴政：必須要快，永遠要更快。如果說納粹發明了閃電戰，那公民社會也將成功地加以模仿。全球商務採納的方法是：轉瞬即逝的訊息、即時的通訊。一切出現的都得以最快的速度消失。即時性彷若宗教。

　　伴隨著工業革命，人們對緩慢──以及，此外，還有閒逛──宣戰。班雅明指出，大約在 1840 年的時候，巴黎廊道裡的漫遊者，帶著烏龜散步，以動物的步伐行走。他還反諷地說，可惜進步並未放慢腳步。但漫遊者是社會的消極敵人：他閒逛著，凝視商家，卻不消費。

　　在一句話、一段演說的迂迴處，班雅明發現了即將到來的不幸。他和所有人一樣，沒掌握住群眾盲目的程度。面對事件的加速，他顯得逆來順受，表現得越來越像是個宿命論者。他是否相信會有較好的出路，良心的覺醒？很難說。

　　無論如何，箝制日益緊縮。八個月來，同盟國，法國人、英國人與比利時人，
都以馬奇諾防線為掩護，等著德國發動攻勢，後者則以齊格飛防線為掩護。

　　1940 年 5 月 10 日──希特勒結束了這場「搞笑的戰事」，德國人所謂的「坐
著打的戰爭」。德意志國防軍在閃電戰中入侵了荷蘭、比利時與法國。

　　在巴黎，警察大肆搜捕。每個人都得隨身帶著身分證，就連法國人也是。

　　安德烈・布考夫斯基在筆記中寫道：

　　「在勞動部的入口前，沃日拉爾路（rue de Vaugirard）上，在草坪上，兩名警察幹員來回走動，彎腰，起身，走幾步又彎腰。」

　　「是的，先生，我們在三葉草中找四葉草。您要一根嗎？」

　　「說著，其中一位笑著遞給我一個極佳的樣本，我接了過來並放到我的筆記本裡。我也笑了。路易十六，在巴士底被攻陷那天，在日記中寫的是：『什麼都沒有。』」

　　6月4日——德國人在首都及其近郊投下了一千八百零四顆炸彈。共計有九百名受害者，其中有兩百五十名死亡。

　　「除此之外，沒什麼好報告的，」布考夫斯基表示，「天氣極好，近乎赤道。」

　　6月7日——他繼續：「巴黎平和；沒有任何精神緊張的跡象。我們不時看到載滿皮箱的汽車通過，車頂載著床墊。人們只要可以，便都離去。我真的感覺到事件從我手指間猛然墜落。它們彼此接續的節奏使得它們顯得像是不真實的一樣。我照常工作，在咖啡店喝清涼的啤酒，我讀報紙，難以相信德國人距巴黎只有一百二十公里。我等著後續的事件。無論如何，這是個有趣的時代，肯定。」

　　6月10日——「大疏散。內政部今晚離開了巴黎。所有人都走了。在所有白日的騷動之上，群眾的咕噥，在整個城市上頭，籠罩著的威脅還不如完全而絕對的悲傷。這便是終局。」

　　6月11日──「他們估計自己有責任隨身帶走的，只不過是手提箱、行李箱、床墊、嬰兒車、腳踏車和籠裡的金絲雀，窮人的所有家當。要載走這所有東西，得用上格列佛的國家的火車。〔……〕在蒙帕納斯火車站，一名老婦人死在月台上。她平躺在行李推車上，臉上罩著手帕。一團黑霧在巴黎上空飄著。人們說德國人在巴黎西部施放了人造霧，橫越塞納河。他們繼續前進，包圍了這座城市。」

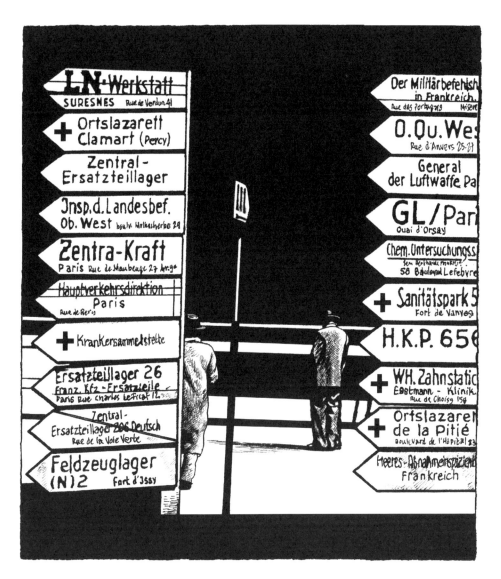

詩人班傑明・封丹（Benjamin Fondane）的見證：

汽車被拋棄

在溝裡——噢！襯衫

絲質的，以及襯褲和

相本，裡面的家庭照。

人們的一切都展示在

道路的眼底下——他的一生，他的童年，

以及他的藥和他的情書。

女人們讓我們痛飲。

「您要去哪，法國大兵」　　除了一個龐大的傢伙，逃離
「噢，我們要去營地」　　　一個龐大的靈夢，或許在
「有幾個要去德國　　　　　某個夢，某個睡著的傢伙
還有幾個會去得更遠　　　　安穩地在某個荒蕪的島上」
直到我們一個不剩

　　儘管他的居住與生活條件都很悲慘，儘管空襲警報讓他緊張，班雅明還是待在巴黎直到德意志國防軍來臨，在6月14日。他在最後一刻逃離，15日，搭上前往盧爾德（Lourdes）的最後幾班火車之一，帶著的行李有兩只大皮箱、一副防毒面具、盥洗用品、手稿以及他作品的影本，以及一幅保羅·克利（Paul Klee）的畫，名為《新天使》（Angelus Novus），他從框裡拆下來的──這幅畫將抵達美國，而提奧多·阿多諾將在戰後帶回法蘭克福，以歸還給遺產接受者舒勒姆，這是根據班雅明在1932年試圖自殺時立的遺囑。

班雅明在他的〈歷史哲學論綱〉這篇文章中描述了這幅畫，然而，詭異的是，人們可能以為他說的是另一幅畫：「它表現的是一名天使，似乎正要遠離某個祂凝神注視的東西。祂雙眼圓睜，張開了嘴，展開雙翼。歷史的天使就應該是這個樣子。祂的臉面向過去。」

　　然而，這名天使卻凝然不動。祂的翅膀太過瘦弱，無法讓祂飛翔。祂的臉並未轉向過去，而是面向當下。祂看向一旁，神色憂慮，近乎害怕。

　　張開的嘴表達著害怕。祂說出了什麼字嗎？或至少是一聲哭喊？如果得為這幅影像加上什麼解釋，我會說，與班雅明相反，這畫的是當下的天使，孱弱而困惑。祂並未將背轉向未來，而是轉向過去，像畫的裝飾一樣空洞的過去。

　　天使是孤獨而迷途的，固定在被稱為當下的懸置的時間裡，無法凝視天空或是大地：天空與大地都不存在。

　　6月17日──貝當被任命為最高戰爭委員會主席。他簽了休戰協議。

　　停火協議的第十九條表示：「法國政府保證釋放所有德國政府指名的在法德國人，以及法國所屬之領地、殖民地、領土與地區。法國政府保證避免德國戰俘與德國平民囚犯轉移到法國領地與其他國家。」

　　里歐陀預言：「在讀老報紙的時候，人們對我們說戰爭將會十分艱困。戰爭並不艱困。和平才會是艱困的。」

　　布考夫斯基指出：「〔法國人〕能夠花好幾個小時討論日常瑣事，這對他們而言是唯一真正重要的問題。今天，您愛他們；明天您會厭惡他們；後天，他們會再次以他們的浮誇和隨和來誘惑您，他們正是以此處理您視為問題的事情。他們有將靈魂物質化的天分，而或許正是這天分構成了他們的靈魂。」

「他們讓我不得安寧，他們令我無法思考，他們讓我無法擺脫壓在我嘴唇上的陳腔濫調。我想鄙視他們，但我不行。我難道不該有這權利嗎？法國是個宗教嗎？」

　　接著：「人們已經剝奪了法國人最依戀的東西：國會裡的混亂。這並不嚴重，他們只是更加依戀……但現在在他們被剝奪了另一樣東西，他們存在的本質目的：食物。配給卡開始實施，新鮮麵包的販售被禁止了。」

　　班雅明將他的手稿和信件都留在他巴黎的公寓裡——這些都將落到蓋世太保手裡，後來將被保存在東柏林科學研究院的檔案中。至於進行中的那本關於拱廊街的書，他則委託給了喬治·巴塔耶。這些手稿將被保存在國家圖書館中。

　　儘管他不懈的要求，美國領事館還是拒絕給予他入境簽證。研究所方面則試圖邀請班雅明作為演講者到哈瓦那大學。他也試著要通過聖多明各到美國去。徒勞無功。

　　6 月 14 日——在巴黎，他的旅館房裡，小說家恩斯特‧魏斯（Ernst Weiss）
在灌下毒藥後，切開了自己的血管。

　　6 月 21 日——被拘禁在米爾斯居留營的劇作家華特‧哈森克列佛（Walter
Hasenclever）在夜裡自殺，吞了大量的巴比妥。

　　7月3日──作家暨藝術史學家卡爾・愛因斯坦（Carl Einstein）從法國－西班牙邊境的一座橋跳下。

　　9月18日──大型客輪瓦拉納西城市號（City of Benares）在即將啟航前往加拿大時，被德國潛艇擊沉。船上兩百四十八人失蹤，包括記者兼作家魯道夫・歐登（Rudolf Olden）──他和人共同創立了極富爭議的《他與她》（*Lui et Elle*），「一份關於生活風格與情色主義的週刊」。

8月26日——布考夫斯基記下：

「我認識了一名年輕的西班牙人。他跟我聊到法國人會表現出某種愚蠢的殘酷。他自己也長時間被監禁在阿爾熱萊（Argelès）的營區裡：一個鐵絲網包圍的營區，人們像母羊一樣被圈在裡頭。夜裡寒冷時，憲兵禁止他們生火。因此因犯們偷偷地在地上挖洞，好讓自己暖和一點。那些被逮到明顯違規的人則被關在擁擠的鐵絲籠裡，因犯在其中既無法伸展也無法舒服地坐下。他們在雨中站著，經受風吹。他們自己建造了木板屋；至於最年輕與最強壯的，則被帶到村莊或是較大的城鎮裡，人們要他們在廣場上排隊，讓農民從中挑選勞動力。他們待在那裡，呆立著，任由農民觸摸他們的手臂與腿肚，依據『商品』的質量發出嘖嘖聲或是皺眉。」

在盧爾德，班雅明又遇到了他的妹妹朵拉，健康狀況堪憂。她才剛從居爾集中營（camp de Gurs）獲釋，在下庇里牛斯區（Basses-Pyrénées）——這是個專屬女性的集中營。漢娜‧鄂蘭還被關在那邊。她在七月底時才得以離開。

班雅明深受居民的和善所震動。但他還是想盡快離開這個城市前往馬賽，重新繼續嘗試美國領事館。只是，要離開盧爾德，他必須要有許可，而只有這個領事館所發的「邀請函」才能提供。

在給漢娜‧鄂蘭的信中，他引述了拉‧洛許福科（La Rochefoucauld）談論雷茲主教（cardinal de Retz）的話：「好幾年來，在晦澀的東躲西藏的遊蕩生活中，他的懶惰在榮耀中維持著他。」

在8月中，為了避免在德國的大搜捕中被捕，他祕密離開了盧爾德，成功抵達馬賽，中間毫無困難。

最後的最後[4]

「發狂多爽。」

斐迪南多・加利安尼（FERDINANDO GALIANI）
《加利安尼神父說》（*DIT L'ABBÉ GALIANI*）

馬賽，2014 年 2 月 26 日——一間可悲的旅館。接待處的女孩幾乎為之感到丟臉。我從她那兒得到的不是一把鑰匙而是一組密碼。一張床，一張小桌子，一台電視。夜幕降臨。我外出。年輕男子們穿著厚運動衫，連帽羊毛衫，閃閃發光的運動鞋擱在椅子上。他們征服那些穿著緊身衣——緊在不該緊的地方：髖部肥胖，臀部下垂——炫耀的女孩子。她們的胸部，像是要為其他部位復仇一樣，在胸罩中爆炸。世界夠大，足以讓所有人都感受到不幸。

在 1941 年，成千上萬的馬賽人在路上為貝當歡呼。就像法國各處一樣。

夜色降臨時，三輛垃圾車正在比賽。

我第一次到馬賽時，在 1975 年 12 月，我點了一份燉肉，來了一份臭了的燉肉。神經腫脹的肉，厚重的醬汁，腐敗的餘味。我兩手端著盤子，一副充好漢的姿態，將菜退回送餐檯。我站起身來，一言不發，在老闆與幾個離不開手中茴香酒的顧客不敢置信的注視底下，沿著無止境的吧檯走到出口。反抗的英雄主義，無賴的無意識。

但今晚我選了普羅旺斯魚湯。惡劣的驚喜：難聞的湯，幾乎要結成可咀嚼的塊，像是反光的橘色美乃滋，上頭一層微不足道的皺殼，加溫的馬鈴薯——就像徹底皺掉的魚一樣，配著刮舌苔的乾肉——幾顆病懨懨的淡菜，在生菜葉上打哈欠，最後，作為裝飾，兩隻死掉過久的小螃蟹。老闆：彷如一個大肚腩的冰櫃，雙眼脹得可以跑輕軌電車。對著我皺起的臉色，他問我有什麼不對。我起身輕輕地對他說：「全部，全部都不對。」

普羅旺斯魚湯是藝術。永遠不會有美乃滋：蒜泥蛋黃醬濃辣味雜燴魚湯應該由魚湯中煮熟的馬鈴薯所構成，馬鈴薯在壓碎前和岩魚肝一起混入橄欖油、蛋黃與蒜頭，別忘了加入辣椒。

已經很晚了。我餓了。我從簍筐老城（quartier du Panier）的一角走來。我對這家岩洞型的半流行、半觀光的小酒館有點概念。音響不斷咳出七〇、八〇年代的法國流行歌。沒有盎格魯－薩克遜音樂。沒有饒舌歌。老法國的香頌，矯揉造作而熟悉。一個幾乎要比我老，或是比我年輕，但青春過早凋零的傢伙在我鄰桌坐下來。他大腹便便，頭頂漸禿，眼神依舊幼稚。他手指敲著紙製的桌巾，哼著揚聲器裡傳來的歌曲。他對我說：

　　「你喜歡賽吉‧拉馬（Serge Lama）嗎？」

　　「我們以你相稱？」

　　「為什麼不？」

　　他高歌：「我生病了！」老闆和他一起唱，比他還要大聲。接著是法蘭絲‧蓋兒（France Gall）。他們安靜了下來。

　　煎魚上桌了。魚很新鮮。擺盤簡單。不做作。不顯擺。

　　「我叫做傑哈。你呢？」

　　「福雷德里克。」

　　「很脫俗，福雷德里克。傑哈，很俗氣。」

　　「確實。」

　　「去你的！你做什麼的，福雷－德里－克？」

　　「我是畫家。但我可以跟你保證：我不作畫。」

　　「啊？」

　　「我看整個世界都是一幅畫。這樣就夠了。」

　　「你像是個很快要被切開喉嚨的俄羅斯苦役犯。」

　　「你呢，傑哈先生，你的謀生之道是什麼？公務員？商人？」

　　「錯。我在港口工作。」

　　「在港邊。」

　　「不，在港口。我幹運輸的。」

　　「你騙我。」

　　「我跟你賭咒。我在港口做我的生意。在整個地中海，馬賽、熱那亞、貝魯特……」

如果我們變窮回來

那又能怎麼辦？

而又有誰不窮？

那不干我們的事……

「這首是米歇‧薩度（Michel Sardou）？」

「對。我很喜歡。」

「你看起來不窮，傑哈。我錯了嗎？」

「我討厭窮人。」

「你搞政治？」

「政治跟這無關。」

「你開玩笑吧？」

「政治很麻煩。你總有天會被逮住。」

「你讓我笑了。」

「我寧可做生意。」

「但政治是種生意，不是嗎？」

「全然無關。你看，我要掙錢，不用在電視上展示我的臉蛋。政治人物呢，全都是操蛋的傢伙。最重要的是，政治不是個行當。」

「港口運輸，大概就是個行當了？」

「那不作畫的畫家，算什麼？」

「懷疑是最困難的行當。」

「這倒是。我從沒想過這樣的蠢事。福雷－德里－克，我不認識你，但我喜歡你。」

「你會幻滅的。」

「你如果是個女人我會更喜歡你。」

「『跑啊，跑啊，愛情的病……』你知道我已經是個祖父了嗎？兩個人的祖父。我有兩個孫子。」

「別開玩笑，你還是個孩子。但是……」

「我是阿公。」

「你搞笑呢……阿公！」

「在孫子的眼裡有多大的溫柔……讓我腦袋裡都起了地震。你有孩子嗎，傑哈？」

傑哈沒有孩子。他無父無母，沒有兄弟姊妹。他在找一個女人。但卻只找到悲傷而沒有未來的歷險。他的工作讓他不得不住在所有港口，理所當然。他會嫖。但他厭惡妓女，也討厭在妓女懷裡的自己。

「你幾歲了，傑哈？」

「四十五歲。」

「你還年輕。」

「去你的！」

我們吃著漂浮島（îles flottantes），香甜可口、充滿詩意的兒時甜點：一座失落在英式蛋奶醬當中的島嶼。我看著傑哈咬著被打成白雪的蛋白，舔著蛋奶醬。

他是個笨蛋，傑哈，就像成千上萬的男人一樣，被自己的確信蒙住了眼，毀於自己可悲的感情。他艱困的工作讓他變得犬儒，但他又受不了犬儒主義。他奔走在他的惡性循環的木屑上。他很可能會對自己做出無可彌補的事情。出於幻滅，出於疲倦，出於弱點。

夜晚才剛開始。我們成排坐在吧檯上。他將手放在我的肩膀上，像個好同學。這天晚上，在逐漸到來的夜裡，我們是兩個好同學。

「一個不作畫的畫家，是個什麼也不銷售的銷售員。」

「聽著，傑哈，我跟你保證，我把你當成畫來看，你很好看，而你顯現出來的顏色就像是世界上最美的畫。畫他幹嘛，這幅畫？你喝的是什麼？」

酒吧關門。我們被親切但堅決地掃地出門。我們下到港口。傑哈跟我說他的政治理念。他討厭政客階級。國家陣線（le Front national）讓他齒冷。他不是個種族主義者，「但是……」

「如果讓你掌權，傑哈，你會比其他人更糟。」

「讓我討厭的就是這個。我討厭我自己。你懂嗎，渾蛋？」

「呼吸一下寬闊的空氣。太陽將會升起。新的一天。新的生活。」

「我喜歡你的，我的小畫家，就是你是個人。你是第一個跟我說話的人。」

「別這樣諂媚我。你比我更像個人，傑哈。因為你受更多苦。你哭。你叫。你會痛罵，就像這樣，你上了船，好讓全人類明白你的生活是不值得的……」

「人類，就是個屁。呸！宇宙中的小飛蟲。」

「你說得沒錯，傑哈。我們等太陽升起。我們一起喝杯茴香酒好『連接』到明天。」

「媽的，我得工作，今天早上。我得清醒，老天爺！」

「港運多或少一些，沒那麼嚴重。」

「別鬧了。我得掙錢。錢啊！你知道什麼是錢嗎，渾蛋？」

「你這王八，傑哈。我才不在乎你的錢。去他的，你的錢。去買你的婊子、你的車、買棟他媽的別墅！去買個符合你的形象的世界吧！你要的只有這個：買的虛空，永遠更多的虛空！你無法有真正的慾望，屬於你的慾望，只屬於你的慾望。但你已經有了一切，因為你什麼都沒有！我去你的，你和你的虛無。」

「我也是，我去你的，你這個小道學。你相信末日審判嗎？我知道這個。我每天哭著等待末日審判。我將受審並被判罪。我承認我所有無邊愚蠢的真相。你別搞錯了：我知道我是什麼樣子！我知道我的虛無的深沉。我是個笨蛋，沒錯。但要知道我知道。我那一丁點的清醒不讓我有片刻休息：我為破滅而懷疑而我因懷疑而破滅。只有潛能讓我忘記懷疑。我掙的錢越多，我的懷疑越少。這是個完美的公式。你沒什麼可教我的，小畫家！」

「你知道，傑哈，讓我難受的，是我感到對你、以及對所有其他人的憐憫。你的不幸讓我受苦，而我則苦於我的自私。你錯過了一切，傑哈。除了錢，當然。你很壞。你是個犬儒。你是個懦夫。但在你的肚臍中央，有某個覆蓋著你的臉的東西受到了震動。如果我是基督，我會告訴你說你已蒙救贖。但我寧願當個反基督來宣告你的毀滅。」

「你只是個肏蛋的畫家，但我不想你這樣。我們聊著，聊著，我的朋友，但那都是鬼扯！你無邪而我有罪。這不美嗎？」

「當日正當中時，你將會比昨天更接近死亡。」

「你瞧！輪到小哲學家絕望了。他不畫的畫對他而言已經不足夠了。他想拉著他僅此一夜的朋友一起對一切絕望：對政治、對女人、對過去的時間。但你比我更可惡，我的小老弟！你虐待了像你的傑哈這樣單純的靈魂，將他泡在你偉大的智慧裡！你還有什麼話說？」

「承認吧：我們很開心能講述我們的小故事。我們所說的一切，你對我說的，都是鬼扯的故事。這讓人不悅，但卻有好處。我們越討厭彼此，就越喜歡彼此。但我全心希望你失敗，跳窗跳樓。我希望你悲慘的族類從地表消失。我希望你死在妓女的懷裡。我希望永遠也不會有跟著你姓的孩子。我希望再也不用對上你尖刻的小法西斯的骯髒眼神，他不說出自己的名字，假裝成可敬的抗議者，但你夢想的只有一樣：全世界都跟你一樣，吃得跟你一樣，幹得跟你一樣，想得跟你一樣。」

傑哈是今天的蠢蛋。他似乎為此鄙視自己，昨日的蠢蛋。我喜歡他在收銀檯邊孩子般的微笑，在他高喊之前；他喊的是：「最後一杯，我的朋友！最後一杯將會是第一杯！喝到地老天荒！」

我給他看我孫子們的照片。他哭了。他親吻我的額頭，幾乎要把鼻涕擤在我身上，含糊不清地說「祖父，祖父」……在這家早餐吧裡有個地方電台。

如果你不曾存在

告訴我誰會存在……

別唱了，傑哈，不然我殺了你，在你假裝要殺我之前。

4. 原文是 Le Der Des Ders。

為我畫一幅
親愛的上帝

　　1885 年 10 月 30 日——伊斯拉·龐德生於海利（Hailey），愛達荷州的一個小礦城。兩千名居民，有一條大的泥地路，木板搭的人行道，一間旅館與四十七家酒吧。他的母親名叫伊莎貝爾·魏斯頓（Isabel Weston），父親名荷馬（Homer）。在龐德家裡，有以利亞（Élie）、以西結（Ézéchiel）、以利法（Éliphalet）、拔士巴（Bethsabée）。伊斯拉這個名字乃受先知以斯拉（Esdras）所啟發。

　　他的祖父和一名當地銀行主管以詩句通信。他的祖母及其兄弟也以詩句寫信。這似乎對這個家庭而言是自然而然的。

　　伊斯拉四歲時，龐德家人在費城定居。

　　父親，鑄幣廠的檢查員，計算礦石中的含金比例。有時，他會帶上他的兒子，讓他發現秤重、煉製以及其他精密的操作。

　　隨著加州與阿拉斯加的淘金熱，詐騙者開始專精於「金磚」騙局，在鉛塊外頭包上一層薄金。他父親的工作是接待大群被騙的群眾，他們都帶著裝滿悲哀磚塊的袋子。

　　六歲時，伊斯拉進了貴格會的小學。人們叫他「教授」，因為他戴著眼鏡，並且使用極複雜的字，由好幾個音節構成。他最早被注意到的作文是寫給耶誕老人的信，用打字機打的。再來是寄給他的表兄弟的押韻文章。

　　他學劍術，下西洋棋。他陪著父母到長老派教會。他的父親嚴格遵守其戒律。其中特別有個人對伊斯拉表示欣賞：那人就是牧師。

　　十二歲時，和他的母親以及阿姨一起，他發現了歐洲，義大利，威尼斯。這趟旅行讓他一生難忘。

十五歲時，在進大學前，他寫道：「我想寫作，在死之前，寫出未曾被寫出的最偉大的詩篇。」

他有位教授還保留著對這個對知識感到飢渴的男孩的記憶。為了引人注意，他穿著鮮紅色的鞋子。他的老師和同學因為他的粗魯和古怪行為而討厭他。他脾氣暴躁，表現粗魯。但他隱藏著某種容易激動的天性，並且能體驗到某種巨大的感受。有一天，在課堂的爭論中朗誦一首詩的時候，他爆出眼淚。

　　他最重要的特徵，是堅定不移的樂觀，他對自己以及自己命運的信念。他已經表現出狂妄自大的徵兆。

　　二十二歲時，他的某一天的計畫如下：起床後西班牙文課，早餐後外省方言，中午拉丁文，入夜時法文，晚餐後義大利文。他的消遣：西洋棋、雪橇、滑冰、每天走路十五公里。

　　在大學裡，他扮演瘋子的角色，不是出於計算，就是為了吸引注意力。這是他嘲諷社會慣例的方式。在他看來，大學只是為了「讓常規和愚蠢永遠持續下去」。

　　隱藏在怪誕的面具底下，他並不乏表達他的嘲諷與他尖刻的判斷的機會。但他並非不會受拒絕，甚至是被暴力的敵意所拒斥。

　　在這個時期，龐德情願自視為一個「天才」，而他很喜歡回顧這點。他表現得像是一長串詩人的最後一環，當他貪婪地比較他們的教誨時，他卻透過自己詩中的扭曲，斷言這些是對他說的。這就是為何他年輕時的作品顯得像是在模仿。

　　以他培養出某種有點過於「拉丁區」的文類，他被瓦伯西學院（collège de Crawfordsville）給退學了。浸信會和長老會則指控他引誘了一名唱詩班成員。自此之後，他對大學的反感只有更深。至於清教徒的宗教，在他看來，究其本質，是幸福與文化的敵人。

　　在 1908 年 2 月，伊斯拉・龐德獨自啟程前往歐洲，搭乘一艘載牲畜的貨船。
在 4 月抵達直布羅陀後，他造訪了猶太會堂，結識了一名猶太人，這人自動為他
提供幫助，為他找到了住處，並鼓勵他從事老師的職業。後來，這名年輕的美國
詩人康拉德・艾肯（Conrad Aiken）暱稱他為「班・伊斯拉拉比」。

　　四月底時，龐德重返十多年前來過的威尼斯。他住在一家麵包店樓上，在多
爾所杜羅區（Dorsoduro），然後是在一個距離一家威尼斯貢多拉修理工坊不遠
的地方，在聖特羅瓦所（San Trovaso）。

　　三個月後，在花掉自己全部的金錢之後，他離開前往倫敦。在那兒，他換過一家又一家骯髒的膳宿公寓。他飽受飢寒之苦，他欠缺光線，他的雙眼在照明不足的房裡日益衰弱。

　　在倫敦，他認識了文學批評家亨利‧紐伯（Henry Newbolt）。正是透過他，他才了解到未來的詩應表現的不是情緒而是感受。後來，龐德說他是「墨守成規的蠢子」，並指責他是「屍體語言的捍衛者」。

　　1914 年 4 月 24 日——他和桃樂絲‧莎士比亞（Dorothy Shakespear）結為夫婦。當瑪嘉烈特‧克拉文斯（Margaret Cravens），一個愛上他的年輕女孩，知道他是桃樂絲未婚夫之後，便自殺了。龐德深受感動。

　　桃樂絲在日記裡寫道：「伊斯拉！他有張俊俏而神奇的臉，掌控雙眼的高額頭；細緻的長鼻子，上頭有紅色的小鼻孔；一張怪異的嘴，永不停息並且完全無法掌握；方形的下巴，中間微凹——整體而言臉很白，雙眼是灰藍色；棕髮，夾雜在金髮中，柔軟的小波浪鬈髮。手很大，漂亮的手指很長，指甲很寬。」

　　他，表現得較為保留：「我在照片裡不如我真實的樣子好看……大悲劇，在我的臉上，我的表情演出的正是如此。」

　　這對夫婦依靠桃樂絲的收入維生：一盒股票，包括華弗蘭石油、高露潔－棕櫚、吉列、安全刮鬍刀、柯提斯出版社、薩伏伊宮殿企業。桃樂絲分析她丈夫的星座，談到：「您有寬大的心──太過寬大。非常具有藝術家性格。非常傾向於色彩。非常敏感──過於敏感。您生命中重大的轉捩點……您會結兩次婚並有兩個孩子。您將在國外生活。」

在大英博物館的茶館裡的老女孩們中間，龐德發起了一項運動，意象主義者（Imagistes），共同發起人有理查·阿爾丁頓（Richard Aldington）、希爾達·杜麗特爾（Hilda Doolittle）、F·S·弗林特（F. S. Flint）、約瑟夫·坎伯（Joseph Campbell）、帕德里奇·庫隆（Padraic Colum）、厄內斯特·瑞斯（Ernest Rhys），以及女演員弗羅倫絲·法爾（Florence Farr）。他們一起試圖更新英文詩。他們嘗試自由詩（le vers libre），從外語獲得靈感，質疑傳統的節奏模式，以及過度裝飾的詩意意象。他們以具體的感受、可觸摸與可觀察的現實來取代情感的表現。

「1890 年以來在大不列顛流行的詩句是一堆可怕的大便，缺乏形式，經常半生不熟，全都連在一起（tout en legato），濟慈的一團混亂，華茲華斯的第三隻手，還有上帝才知道的什麼，第四隻手是伊莉莎白式的鏗鏘音色，遲鈍，半融，充滿了硬塊。」

對龐德而言，詩應該要「嚴厲、直接、免於一切滑溜的感觸性（émotivité）」。它永遠不該傾向於抽象。它應該要求助於具體視覺的、直觀的語言，能夠表達近乎「身體性」的感受。經常，他會混用俳句的次序與希臘或拉丁文的俏皮話。

在 1913 年底，透過葉慈的中介，龐德發現了「讓我聽見了在這片大地上衝刺的軍隊」的詩，出自一個名叫詹姆士·喬伊斯的人。他立刻寫信給他，提議將他的詩刊行在他的《意象主義者》（Des Imagistes）詩集裡。這是一段緊密關係的開始，喬伊斯對此後來表示：「很有可能，如果沒有龐德的話，我將還是他發現的那個無人認識的人——如果那是個發現的話。」

幾個月後，喬伊斯把自己的小說《一個年輕藝術家的畫像》的前幾頁寄給他。龐德為之瘋迷；他描述這位作者為最優秀的當代作家之一，並宣布自己「已經準備好拿世上的一切打賭，這本小說將名留文學史」。

但如果說他像個舞者般漫步，帶著他的白籐杖，龐德卻顯得緊張、神經質、突兀。他在英國人之間未曾感到自在，而他們也不信任他。

D·H·勞倫斯覺得他「矯揉造作而假掰」。

埃德蒙·戈斯（Edmund Gosse）當他是個「小偷」以及「美國來的江湖郎中」。

如果他的書寫看似有音樂性，他唱歌則完全走音：「讓人以為是壞掉的留聲機。」

　　很快，在他的詩裡，他放棄了古典英文，而使用更具美國表達方式的語言。

　　在同樣這個時期，1913 年底，威德‧劉易斯創立了造反藝術中心（Rebel Art Centre），位於大奧蒙德街（Great Ormond Street）。

　　龐德在造反藝術中心的講座上，提議用一個詞來描述新藝術家的靈感：漩渦主義（le vorticisme）。漩渦主義者學習了表現主義、立體主義與菲利波‧托馬索‧馬里內蒂（Filippo Tommaso Marinetti）和翁貝托‧薄邱尼（Umberto Boccioni）的未來主義。

　　分裂、錯位、無政府：漩渦主義啟動新的力量，甘願不理性。這是個繪畫、雕塑和書寫的混合，誕生於戰前那些年的憂慮中，渴望名聲，並且缺乏一切明白的計畫。

　　漩渦主義的第一個出版是由劉易斯與龐德所構想的，形式是一份名為《爆破》（Blast）的大筆記。《爆破》的心態可總結為這句話：藝術是原始的而現代藝術家是野蠻人。

　　龐德、葉慈、劉易斯與約翰‧奎因（John Quinn）是某種出自十九世紀的極端保守主義的信徒。他們呼籲某種開明專制，以及嚴格控管的經濟。他們鄙視民主，在他們看來民主應為文化的真實基礎的毀壞負責。他們不怕公開表達他們的種族主義與他們的反猶太主義。

　　1914 年 8 月 4 日——英國加入反對德國的戰爭。龐德厭惡戰爭。在他看來，「戰爭的真正問題，是它不讓任何人有機會殺該殺的人」。

　　但他還是試著加入英國軍隊，未果。人們忽略了這個拒絕的理由。G‧S‧福瑞澤（G. S. Fraser）談到他說：「沒有任何非武裝人員對第一次世界大戰所浪費的生命與人才寫過比他更動人的文字。」他的恨特別針對走私軍武和從敵對勢力中獲利的人。後來，在 1929 年的危機和緊接而來的失業潮中，這股恨延伸到銀行家和投機者，特別是猶太人身上。由此產生了他有毒的反猶太主義，他有時會為之辯解，說他的朋友中有好幾個猶太人。

住在巴黎的期間，他在塞納河畔的書店發現了一本拉丁文的《奧德賽》譯本，以及兩本《伊里亞德》譯本。從 1915 年起，他便開始撰寫一篇長詩，《詩章》（*Les Cantos*），他一直寫到 1959 年，到他陷入憂鬱前不久。他描述這首詩是「篇幅無可比擬的宏篇長詩，花費我後來的四十年，直到成為鬍鬚」。

　　《詩章》的主角是尤里西斯，希集思蒙・德・馬拉特斯塔（Sigismond de Malatesta）、湯瑪斯・傑佛遜、約翰・亞當斯。

　　龐德特別喜歡的一個玩笑是：

　　「你畫什麼，強尼？」

　　「我畫良善的上帝。」

　　「但沒人知道他長什麼樣子。」

　　「等我畫完大家就知道了。」

　　我們可以看到保羅・里歐陀和伊斯拉・龐德之間的相似。這是兩個被歸類為右派，或是極右派的無政府主義者。第一位，有時會同情貝當元帥；第二位，墨索里尼的堅定擁護者。兩人都蔑視他們的同胞、他們的國家，以及更普遍的同時代人。兩人都重新發明了他們的語言。兩人都絕對誠懇，絕對忠於他們的政治歧途，忠誠到盲目的程度。兩人都是無可比擬的：他們並不模仿，只把自己當作自己，相信自己不虧欠任何人。兩人各自都很快便選擇了從一本書建立自己的作品，而且是一本終其一生的書——在簡短的故事、詩篇、論文，以及持續的書信往返之外。里歐陀，他的《文學日記》；龐德，他的《詩章》。兩本書沒有任何共同點，儘管在同樣的時代交會，經歷過兩次世界大戰、緊接而來的和平，沉入他們解構的、修補的語言中。兩人各自都以自己的方式將身體與靈魂投入於建構某種巨大的棚屋、某種躺在護城河上的水平碉堡，以成千上萬的瞬間、軼事、觀察、淵博的閱讀、斥責、噁心、爽快、驚奇所打造而成，就像一次持續的呼吸、啟發、吐氣、窒息。

關於噁心，龐德宣稱：「這是種極有價值的情感。就我個人而言，我感到有種強烈的欲望，要消滅某種精神狀態及其主角。就連像艾略特這樣傑出的評論家，也錯將我表達的仇恨當作幽默。」

里歐陀，龐德：兩道連續的驚雷，打在下陷的天空中，以前所未有的方式滾動所有的雷聲。

第一位拋棄了他的語言，將他所從出的象徵、他的溫情默默與矯揉造作都拋進垃圾堆裡。

第二位則擺脫了抒情：感受優先，原始的、平淡的、沒教養的感受，在他最簡單的機器中：

> 黎明，在我們甦醒時，融入了綠色的光，清新；
> 草葉上的露水擦暈了走動的蒼白腳踝；
> 啪啦，啪啦，呼，噗呼，在柔軟的草地上……

但龐德走得更遠：他將牛仔男孩的語言和希臘文、拉丁文、歐克語（langue d'oc）的片語，以及各式俚語、中文成語混合——就像詹姆士·喬伊斯和他的《芬尼根的守靈夜》，他稱之為「環繞的外圍主義」。

他越深入《詩章》的書寫，他就越是懷疑。人們批評它過於莫測高深，缺乏建構，用詞怪誕。他對約翰·奎因承認，這些詩章變得「太太太過玄奧晦澀，不宜人類消受」。

但他也說：「沒有任何藝術曾經直視著公眾的雙眼發展。而這是惡魔的雙眼。」

1917 年 3 月——龐德成了珍妮·希普（Jane Heap）和瑪格麗特·安德森（Margaret Anderson）主掌的《小評論》（*Little Review*）的編輯。安德森發了一期半數頁面留白，因為她斷定那些文章太差。

　　1917 年底，伊斯拉・龐德接到了喬伊斯寄來的《尤里西斯》的前幾章。他寫給他：「是啦，喬伊斯先生，我相信您是個偉大的作家，這就是我的意見。我相信您的作品並不噁心。您可以相信我，我知道自己在說什麼。」

　　龐德總是表現得對喬伊斯很慷慨──以損害自己的事業為代價。他也以同樣的方式幫助過威廉・巴特勒・葉慈、Ｔ・Ｓ・艾略特、恩斯特・海明威以及其他人。

　　龐德想要寫自傳。他想將標題取為《蠢事與傻話的夢話》（*Rêveries sur la connerie et l'imbécillité*）。

　　1920 年，龐德離開倫敦，移居巴黎。他住在田園聖母堂路（rue Notre-Dame-des-Champs）70 之 1 號。他打造自己的家具，一張矮書桌，以一個紫色包裝盒作為抽屜，一張又長又窄的工作桌，兩張包著帆布的白松木扶手椅。從住在巴黎的第一天起，在國家圖書館，他便已開始研究行吟詩人的語言。他出發前往普羅旺斯，一天走十五到二十五公里，記下我們將會在《詩章》裡找到的筆記。

　　對他而言，走路是一種表達儒家格言「緩慢是美」的方式。這也是一種拒斥進步與速度的方法。

　　在田園聖母堂路上，他遇見了費爾南・雷傑（Fernand Léger），他在這裡有間工作室。他還遇見了其他文學與藝術圈子裡的人：崔斯坦・查拉（Tristan Tzara）、雷奈・克雷維（René Crevel）、路易・阿拉貢、康斯坦丁・布朗庫西（Constantin Brancusi），以及尚・考克多——他和後者成為朋友。「考克多非常善妒，有種放肆的勢利，《新法蘭西評論》接生了當時所有文學與精神的衰退。

然而，考克多分析了這種勢利，而所有的失敗者都圍著他形成了一個圈子，充滿忌妒。」

翌年，在 7 月，他發表了八首詩在《斐勞－提保》（*Le Pilhaou-Thibaou*）的一期關於《391 評論》的專號上，編輯是法蘭西·畢卡比亞（Francis Picabia）。

禁慾多年後

他投身於六個女人的大海中……

在同一期裡，他在邊角上寫：「什麼巴黎？世界中心的巴黎？什麼？我在這裡三個月了，一個合適的情婦也沒找到。」

幾個月後，他愛上了歐佳・儒芝（Olga Rudge），一名二十六歲的小提琴手，來自俄亥俄州。龐德和她同居直到死去為止，但卻沒離開他的妻子桃樂絲。他以一種突出的瀟灑穿梭在兩人之間，儘管桃樂絲對歐佳感到強烈的厭惡。

在 1922 年，他認識了恩斯特・海明威，後來海明威談到他說：「所有誕生於這個世紀或是在過去十年裡的詩人，如果能誠實地說自己並未受到龐德的影響，或是未曾高度讚賞他的作品，那應該得到憐憫甚於斥責。龐德寫過最好的作品〔……〕將與文學本身同樣歷久常新。」

他承認自己「從龐德身上學到比任何其他廢物都更多的寫作方法，也就是不寫作的方法」。

威德・劉易斯斷言龐德「看」不到人，因為他並不分辨他們平庸的一面與他們是如何的下流。他並不注意他朋友的惡，因為他只想看他們的才智。

然而，首都裡大量的詩人與作家卻令他不快。他無法吸引到足夠的目光。競爭者太多。因此他決定離開巴黎前往義大利。

風也爭訟

　　1924 年——龐德在利古雅大區（Ligurie）的港都拉帕洛（Rapallo）住下。和他的妻子桃樂絲一起，他們共用一間有大海景觀的公寓。他的情婦歐佳・儒芝加入他們，並住在聖安布羅修（Sant'Ambrogio），一座非常近的小鎮。

　　歐佳・儒芝懷了他的孩子。他們的女兒瑪莉出生於 1925 年 7 月。一年後，桃樂絲生下一個男孩，名叫歐瑪爾（Omar）。

　　如果巴黎對他而言是歐洲的心臟，拉帕洛就是「世界的肚臍」。

　　在路上與咖啡館裡，人們稱他為「詩人」（il poeta）。

　　在拜訪龐德的時候，葉慈注意到他喜歡餵食拉帕洛的野老鼠。牠們在日落時等著，知道他總有一口袋滿滿的雞骨頭與碎肉片。他對這些老鼠並沒有真正的感情。他餵牠們，是因為牠們是被壓迫者，而我們對牠們冷漠以待。龐德將自己比擬成牠們。在他作為批評家的活動中，他從沒少對那些被詛咒或是孤單的、被鄙視的、被遺忘的作家表達讚揚。

龐德很早就對經濟學充滿熱情，特別是對高利貸的歷史。在他看來，這些都可追溯到耶穌之前三千年，到巴比倫帝國施行的種子借貸原則。但第一個被提及的國家貨幣政策是在耶穌前 1766 年。為了在小麥短缺時減輕人民的苦難——壟斷者所維持的苦難——一個中國皇帝打造中間穿著方孔的銅幣。他把這些錢幣送給飢餓的人民，好讓他們可以購買小麥。但對龐德而言，產品的固定價格不過是種幻想，是一種對會計的迷信。

災難開始於 1694 年，英格蘭銀行建立的時候。它在他眼裡只是個犯罪組織。美國在 1863 年被賣給了羅斯柴爾德，同樣是這個羅斯柴爾德，在給依克海姆家族（la Maison Ikelheimer）的友人寫信時寫道：「沒有多少人能洞悉這個體系，而那些理解這個體系的人，則會盡力參與其中；至於公眾，他們或許永遠不會了解到，這個體系和他們的利益是對立的。」

到了十八世紀中葉，殖民者們享有某種發達，這得歸功於他們對於紙幣作為交易工具的審慎使用。有一回，他們擺脫了英格蘭銀行的控制，但這只是個短暫的喘息。布魯克斯‧亞當斯（Brooks Adams）指出：「在滑鐵盧之後，任何權力都無法和高利貸者抗衡。」

高利貸，這就是龐德的死敵。就連警探小說也是發明來遮掩高利貸的罪行——所有罪中最重之罪。他喜歡引述但丁，將混亂的高利貸者和雞姦者都扔到同一層地獄裡，為了反自然的罪行。

戰爭都是由高利貸者所引發的，只為了唯一的目的，就是建立他們壟斷的優勢。透過激發戰爭，高利貸者創造新的債務，並以其利潤來增加自己的財富。他們也享受著貨幣單位的波動所帶來的利潤。新聞記者們也服務於他們。他們維持公眾對高利貸統治的無視。戰爭的真正原因也不會出現在學校課本中。經濟體制的奧祕依然被小心地守護著。

龐德喜歡引用安那托爾‧佛朗士（Anatole France），在《企鵝島》（L'Île des pingouins）當中，解釋戰爭的步驟：「我們殺掉三分之二的居民，好強迫剩下的來跟我們買雨傘和背帶。」

根據龐德：「人類已經淪為甚至不是消化道，而是即將貶值的貨幣。」

在龐德的影響中，必須算上克利佛‧修‧道格拉斯上校（Clifford Hugh Douglas）。這位英國工程師預測到資本主義即將傾圮，制定了一種新的經濟體系，他稱之為「社會信用」。據他所述，主導的經濟體制無法做到確保財富的公平分配，而且永遠只會賦予生產者低度的購買力。與其徵稅，政府反倒應該支付股息給工人，並分發信用證書給他們：這就是「社會信用」。如此一來，他們的購買力便只會增加。但銀行家們則不顧生產地印發紙鈔，根據他們絲毫不受政府控制的通膨或通縮的決策。

在《經濟學ABC》（*ABC of Economics*）當中，龐德宣稱，必須透過創立每週工作二十五小時，來減少經濟危機所促發的失業。他還說沒有任何國家有權利承擔期限超過立約債務人生命的債務。

他指出布魯克斯‧亞當斯在《文明法則與衰退》（*The Law of Civilizations and Decay*）當中的這段話：「在競爭經濟的年代，資本主義者與高利貸者在社會中占有重要的地位，而生產者則淪入債務與奴役當中。」

後來，龐德還宣告：「肯定是在高利貸與高利貸統治的傾斜時代，文學才被貶低到『漂亮文字』的層次，其實質才被縮減為個人的愉悅。」

　　在他狂熱撰寫的郵件、文章與電台講話之間，龐德練習游泳、打網球，並且定期前往電影院。但他並不平靜：他相信華爾街派來的密探就藏在附近的山裡，夜以繼日地用望遠鏡監視他。動機：他對經濟的革命性觀點，對於想主宰世界的銀行家構成了嚴重的威脅。

　　1931 年，龐德根據法西斯曆法來為他的信件進行編年——這曆法開始於1922 年，墨索里尼當年在羅馬舉行遊行。

　　1933 年 1 月底──他搭火車前往羅馬，他將親身遇見墨索里尼的地方。他的模範，是孔子，他體現了政治上的帝王師（le conseiller politique du prince），為權力服務的聰明的知識分子。他欣賞他的貴族觀點，希望本性易於迷失的大眾，應該由強硬的領導人來指引：「小人之德草；草上之風，必偃。」[5]（Le peuple est comme l'herbe, il plie toujours sous le vent.）

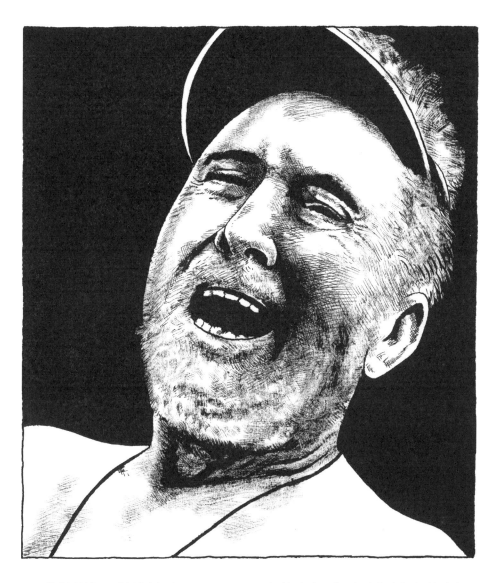

　　他被請進了威尼斯宮（Palazzo Venezia）的大廳，為重要客人保留的地方。在領袖（Duce）的辦公室裡，他看見了一本他的《詩章》的樣書。龐德立刻為他將自己的經濟理論摘要成十八個要點，但墨索里尼粗暴地打斷了他。

　　在向客人道別之前，他對他說《詩章》的段落「很有趣」。龐德並未見出他在反諷；相反地，墨索里尼在他的眼裡充滿了洞見：「這是個天才，對藝術具有強烈的熱愛，必須像欣賞一名藝術家一樣欣賞他。」

《詩章》〈四十一〉以這幾個字開頭：

但是這個，

老闆對我說：「這很有趣」

全都了解了，在唯美主義者還未做到之前

當海明威批評墨索里尼時，龐德回應他：「你這個徹底的廢物！」海明威則回罵道：「從什麼時候開始你成了經濟學家了，老朋友？上次見你，你大喇叭還吹得讓我們討厭呢！」

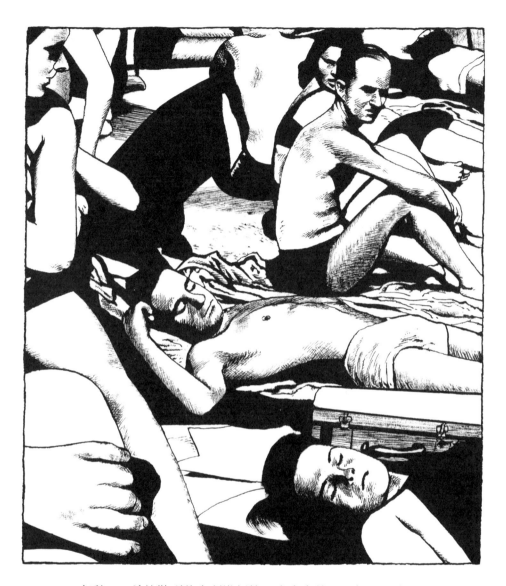

　　1934 年秋──希特勒到義大利進行第一次官方訪問。為了要給他留下印象，
墨索里尼在羅馬城外一公里，沿著鐵軌建了假的現代建築的牆面。

　　在一封致哈里特・蕭爾・韋弗（Harriet Shaw Weaver）的信，日期為 1934
年 7 月 18 日，喬伊斯坦承：「我怕可憐的希特勒－米斯勒先生（M. Hitler-
Missler）很快就會沒有行政人員了，除了您的姪女、我的侄兒、威德・劉易斯女
士（MM. Wyndham Lewis）與伊斯拉・龐德。」

　　龐德寄了兩封信給羅斯福。在其中一封信裡面，他斷言：「在銀行豬壟斷之
前，銀子是代表工作完成的票券。」

在一年之內，他在許多刊物上發表了一百五十多篇文章與書信。在他的通信人當中，我們可以看到亞爾馬·沙赫特（Hjalmar Schacht），帝國銀行總裁，以及戈特弗里德·費德（Gottfried Feder），希特勒重要的經濟顧問。

他寫了五十多封信給墨索里尼。在其中一封信裡，我們可以讀到一個宣傳部雇員的註記：「有件事很清楚：作者精神失調。」

儘管他行為怪異，羅馬電台，一個法西斯主義電台，還是在 1936 年時給了他一個節目，首先是不定期的，後來則是每週三次。

他對法西斯主義的熱情是毫無保留的：「高利貸是世界的腫瘤，只有法西斯主義的手術刀能將它從各國的生活中切除。」或是：「我來到義大利〔……〕是為了呼吸法西斯主義年代的空氣，亦即我們時代的智性的空氣。」

詭異的是，如果他將他的《酷淑指南》（*Guide to Kulchur*）一書題獻給他的猶太朋友祖科夫斯基（Zukofsky），如果在他的朋友裡有許多猶太人，這些卻都不妨礙他對猶太人的言論越來越暴力：「『猶太報紙』毒害世界，音樂圈都被猶太化了，猶太人沒有能力承擔公民責任，因為他們沒有自己的國家，托洛斯基是一串猶太人的頭，羅斯柴爾德家族則控制美國的媒體機構。」

在他的口中，紐約（New York）變成了猶約（Jew York）。他深信猶太人密謀反對和平，而他們隱而不宣的目的是要透過高利貸來資助戰爭。

出於對異教的懷舊，他認為猶太人應對一神論負責。在他看來，猶太人在《聖經》中的角色是「邪惡的黑人」。但他的汙衊也同樣針對基督徒與美國人。

根據他的傳記作者約翰·蒂特爾（John Tytell）所述，「龐德選擇了一個充滿爭議的政治途徑，作為孤注一擲的吸引注意力的方法，在人們對他的書寫較不感興趣的時刻。」

1939 年 8 月——回到拉帕洛，他在《晚間郵報》（*Corriere della Sera*）和《羅馬子午線》（*Meridiano di Roma*）發表了許多惡毒的文章。其中有一篇題為〈道成肉身的猶太病〉。如果資本主義確實是猶太人的惡魔之作，那共產主義也是猶太人陰謀的一部分。他確信猶太人想祕密地控制世界。

在一篇關於宗教的文章裡，他呼求一種擺脫了「猶太毒素」——以及任何非歐洲的啟示的基督教。

在他看來，從滑鐵盧起，英國人便只是羅斯柴爾德家族管制的奴隸民族而已。而，在美國，羅斯福是美國「猶太性」（juiverie）的代表。這是為什麼他戲稱他為「猶斯福」（Jewsfeldt）或是「發臭的羅森斯坦」（Rooosenstein le Puant）。

在他十多年來寫的上百篇文章與上千封信中，經濟評論總是有系統地混雜著辱罵。他懷疑經濟最仰賴的根本就是軍工業，而後者會任意決定戰爭與和平。

他借助於傑佛遜，後者在 1816 年曾經宣告：「銀行機構比戰鬥中的軍隊更危險。」

有時候，在書信結尾，他會署名：「希特勒萬歲（Heil Hitler）」。

1939 年 12 月 1 日——德國坦克穿過了波蘭邊境。

在《時代雜誌》日語版中，他斷言：「目前在歐洲，民主是由『猶太人指揮的國家』所界定。」

「猶太佬（youtre）的影響從西元一年起直到 1940 年，一直都不是別的，而只是對歐洲的臭罵。」

龐德不停地在義大利宣傳機器的各個部門發表理念。他建議墨索里尼取代國際聯盟（la Société des Nations）。該計畫從來未曾提到他的面前，但他的兩個幕僚成員曾經表示，這個計畫的「構想者腦袋不清，沒有任何現實感」。

儘管他對法西斯主義充滿熱情，但電台員工害怕龐德會是雙面間諜，會透過謾罵傳遞加密的訊息。他的話語中缺乏邏輯而難以理解的一面，確實有值得他們擔心之處。對法西斯機器中的許多成員而言，龐德是一個溫和的瘋子，可能是某種危險，因為他毫無節制的嘮叨和混淆。

然而他們還是許可他參與《美國時刻》（*The American Hour*）的播出，這是對英格蘭、部分歐洲與整個美國的直播。第一次七分鐘的播出是在 1941 年 1 月 21 日。

　　接著，龐德的「漫談」每三天播出一次，他每個月會到羅馬一星期來預先錄製。他的聲音像是一隻被罩在廣口瓶裡的大胡蜂刺耳的嘈雜聲。不僅他的話經常猥褻下流，他外表上也總是不修邊幅：就像個流浪漢。

　　1942 年，在某個清醒的時刻，他決定搭疏散義大利美國人的外交火車到里斯本，但他卻因為廣播節目而未能成行。

　　義大利施行嚴格的食品管制。奶油開始短缺。沒關係，龐德有辦法解決：他想建議墨索里尼在阿爾卑斯山種花生。

　　作家恩理科‧培雅（Enrico Pea）表示：「這傢伙瘋了，瘋了，徹底瘋了。」

　　在拉帕洛，最後一個義大利社會共和國（république fasciste de Salo）期間，所有人都想買早報，但沒有人有錢。結果報紙商人巴菲可（Baffico）想出了影印小票券讓人可以換錢的點子。有一天，龐德發現可憐的老巴菲可絕望的樣子，因為路上所有的商家都拿他的票當作現金，並要求他再多印一些。

　　1945 年 4 月底——墨索里尼雖然試圖逃跑，但還是在義大利的阿爾卑斯山區被逮捕。他和他情婦的屍體被拴著腳倒吊示眾，在米蘭的公共廣場上。

　　5 月 1 日——美國部隊占領了拉帕洛。龐德離開了聖安布羅修的高處,前去與美軍相識。他準備好要投降,但首先要為勝利者提供服務,藉口他對義大利及其語言的認識。在一家咖啡館裡,他與一幫軍官迎面相逢。儘管他裝腔作勢已極,但他們對他卻絲毫不注意。龐德回到了聖安布羅修。

　　翌日，他獨自待在公寓裡。歐佳・儒芝去了城裡想買份報紙。至於桃樂絲，她去龐德母親家裡拜訪了。兩名游擊員帶槍到了門口，命令他跟他們走。他在口袋裡放了他正在寫的關於孔子的書，以及一本中文字典。他將鑰匙交給住在一樓的女士，並且，靠一個手勢，他讓她了解到他將被絞死。他後來寫道：「在藝術與生命中，我們必須走過頭，才會知道我們是在哪從走遠變成走過頭了。」

　　手腕上戴著手銬，他抵達了游擊隊員的總部。

　　5 月 3 日──美國的武裝警察抓了他，並將他帶到反間諜中央辦公室，在熱那亞。審訊進行了兩天。龐德企圖要好好解決政治問題，條件是要帶他到杜魯門總統與史達林身邊。至於墨索里尼，他宣稱這人是個「不完美的男人，腦子丟了」。邱吉爾，則是代表了「以最大程度的殘忍施行最大程度的不正義」的男人。至於希特勒，他「像是聖女貞德，一個殉道者，他的失敗只因為他沒更徹底地跟隨孔子的教導」。

幾個星期後，龐德被轉送到比薩的紀律訓練中心。華盛頓戰爭部的指示要求要有特殊的安全措施。他們怕囚犯逃跑或是自殺。因此一名因強姦與謀殺而被逮的士兵被戴上了手銬。在途中，他不斷地挑釁與侮辱警方。

紀律訓練中心是一個巨大的營區，四周繞著鐵絲網，有十四座瞭望塔。整晚探照燈都亮著。營裡住滿了美軍裡最重要的罪犯：大約三千六百名叛國者、逃兵、小偷、強姦犯或是暗殺者。有些正等著審判，其他的則在完成他們的懲罰：每天十四小時的家務。他們當中大部分人都聚集在帳篷裡，但是，除了兩間食堂以外，中心還有單獨牢房：兩平方公尺的水泥立方體，配有鋼鐵門，一面的欄杆寬高都是一百八十三公分。這是留給那些死刑犯的，在他們被帶到那不勒斯的阿維爾薩（Aversa）絞死之前。龐德就被關在其中一個籠子裡。有一天，為了預防，他們將鍍鋅的金屬片和鋼片焊到欄杆上。應該要保護他們免於灰塵、雨水與太陽的屋頂，則由塗滿焦油的紙搭建而成。

某天中午，有些囚犯試圖逃獄。他們立刻遭到架在某座瞭望塔上的機槍短而精準的連發射擊。其中某些人試圖自殺，其他人則將鉀倒在皮膚上，以求被轉送到比薩的醫院。

龐德穿著作戰的軍服，領口鬆開。他褲子掉了下來，鞋子大開：皮帶和鞋帶被沒收了。

　　白天，他繞著圈子，就連一眼也沒向外看。

　　夜裡，一枚探照燈打在他的牢房上。他試著睡在水泥地板上。他的門前永遠
有一名警衛守著，不分日夜。最初，人們不能和他說話，就連拿餐盆給他並為他
清空排泄時使用的桶子的士兵都不行。關在這裡的犯人們都對他報以尊敬：加強
鐵絲網和持續監視說明了這是個特別危險的個體。後來，龐德回憶道：「老伊斯
是展覽館中最精彩的部分。」

他已經五十九歲了。三個星期來，他都在自己的籠裡踱步。他盡力要做點運動。他盡可能閱讀，讀孔子和他的中文字典。他的獄卒們決定容許他有幾本書、幾張紙乃至於一台打字機，但他拒絕使用，因為灰塵可能會傷害它。

灰塵：盤旋在風中。這最終會燒壞他的眼睛。他日益苦於監禁的處境。受到暴力的恐怖、噩夢、幻覺與冷顫所掌控，他成了嚴重神經衰弱的受害者。他的記憶力衰退到認不出他的監護人或是醫生的地步。他很快便停止進食。在指揮官的命令下，他被轉移到衛生部門的帳篷裡。一張行軍床和一個小盒子就是他所有的家具。很快，他就得到了第二個盒子，甚至是一張桌子。

他花了許多小時觀察蓋蜂巢的胡蜂，或是在蟻窩忙碌的螞蟻。每一天他都做奇怪的體能練習，打一場網球或是想像的劍術競技。後來他收到一把老掃把：於是他會假裝打一場撞球或是棒球。他自願做出奇怪的動作，這引起了其他囚犯的同情，他們便偷偷地和他交談兩句。

美國黑人囚犯和他對基督教有同樣的定義：「你先攪和到別人的事情，再解決自己的事情！」

白天越來越熱了。他脫下他的制服，穿著卡其內衣，頭上戴著一頂軍用鴨舌帽。

他不停在帳篷裡走動，踏在草上，在地上挖出自己的壕溝。當他與護士和醫生聊天時，他絲毫沒隱瞞他被指控的叛國罪。照他的說法，他的審判根本就不會進行，因為「他太了解華盛頓的好幾個大人物了」。他拒絕被當作叛徒，並否認自己曾經是個法西斯主義者。當人們和他談論他稱之為「慕斯」或「班」的墨索里尼時，他笑了：確實，他們很熟，但他們沒交換過哪怕一絲政治意見。墨索里尼一點也不想聽他在經濟事務上的建議：他只是個「粗魯的農夫」。他咒罵他，就像他咒罵希特勒、羅斯福和邱吉爾一樣。他一直重複說美國人民被「渾蛋的高利貸者」給騙了。

在帳篷底下，他翻譯了兩篇孔子的文本，並擴展《詩章》的書寫，草稿將成為知名的《比薩詩章》（*Cantos pisans*）。營區的環境與四周的風景扮演了突出的角色：

三個年輕人在門口
他們圍著我挖了條溝渠
恐懼與濕氣咬齧著我的骨頭……
〔……〕
而高掛在隱匿於雲橋中的地平線之上的太陽
在雲邊抹下了番紅花……

「在關燈之後，」羅伯特．阿倫（Robert L. Allen）說，「在鈴響時，儀表遭到殘忍攻擊的機器持續的鐵器碰撞的聲音，被某種在每行結束時發出的尖銳的嗡嗡聲所加強。每次錯誤的碰撞都引發大量的詛咒。」

夏天過去，大雨不停地傾倒在他的帳篷上。他越來越憂鬱。在 11 月中有天晚上，龐德和醫務室的警衛聊天。來了兩名中尉命令他收拾自己的東西：他前往華盛頓的飛機將在一小時內起飛。龐德收拾了書和紙，並請警衛向醫務室所有人員感謝他們的體貼。在走過大門時，他突然轉過身來，掛著半個微笑，雙手圍著脖子緊握，像是一捆絞繩一樣。在一瞬間，他抬起了下巴。

1945 年 11 月 18 日──經過了好幾個月，龐德抵達了華盛頓。美國媒體大肆評論了這個事件。
兩天後，紐倫堡大審開始。所有記者詳細報導了納粹罪行之深重。集中營的災難被披露在大白天底下。在許多篇針對達豪與柏根－貝爾森（Bergen-Belsen）等集中營的文章後，人們會讀到：「詩人伊斯拉．龐德為了回應叛國的指控已經搭機返國。」

他首先被開車載到哥倫比亞特區的監獄。他頭昏腦脹。他感到「整個世界都墜落在他頭上」。面對各種事件他幾乎從不輕信，他要求自行辯護。法官拒絕了：指控比這嚴重得多。

他的律師寫信給他的編輯詹姆士・勞寧（James Laughlin）：「我發現這個可憐的魔鬼處境堪虞。他有些極度奇怪的點子，而儘管他的論述完全合乎理性，但他從一個概念跳到另一個概念，無法專注──就算是回答一個簡單的問題──而緊接著就離題。我們大部分的時間都在談孔子、傑佛遜，以及他們的理念的經濟與社會意涵。」

他不明白為何猶太人想逮捕他，因為，據他說，他已經擬定了完整的計畫，要重建以色列的聖殿。

他主張，對於像他這樣一個詩人而言，最好的結果是被吊死。他自比為弗杭索瓦・費雍（François Villon），他尊敬的詩人。對他的律師而言，出路只有一個：必須訴求心理失常，因為如果他的客戶繼續待在監獄裡，他會失去健康。

1945 年 11 月 25 日──在一間牢房裡，龐德受幽閉恐懼症所苦。人們將他轉移到醫務室。兩天後，他陷入身心衰竭的狀況，開始緘默。

一個月後，在 12 月 21 日，他的審判被無限期推遲。醫療委員會報告：「被告現年六十歲，總體來說他的身體狀況良好。早慧的學生，專事文學。他自願流亡了四十年，住在英國、法國，以及最後這二十一年在義大利，以詩文和評論活動的不穩定的方式謀生。他的詩和文學研究出了名，但最後這幾年他興趣顯然從文學轉向貨幣與經濟理論。」

「人們一直把他當成一個古怪的、痛苦而自我中心的人。就算在此刻，他也還不明白他的真實處境。他宣稱這些廣播中絲毫沒有叛國，而他一切的電台活動都是出於他為自己指派的任務：『拯救憲法』。他異常浮誇，以一種外露而縱情的方式，他的談吐快速，容易分心與離題。在我們看來，他的人格已經異常多年，並且隨著年紀正在惡化，到了如今他偏執的狀態，使他心理上無法與律師進行有效的商談，或是帶著理性或理解來參與他自己的辯護。換句話說，他精神錯亂，不可被審判，而應在精神病院中接受治療。」

　　被告被無限期轉移到聖伊麗莎白精神醫院，一間在華盛頓市郊重要的精神病院。一開始十五個月，他們住在水泥宿舍裡，沒有家具也沒有窗戶，其中兩個病人中有一個得穿束縛衣。接著他被關到一間大約八床的寢室，再來，十八個月後，他們將他轉移到一間單人房，有一張桌子和一台打字機。他被准許接見訪客。很快地，他就翻譯了一齣索伏克勒斯劇作，以及一些中文經典。他又重新開始《詩章》的撰寫。

　　1947 年，他的妻子以及朋友們要求將他送到私人診所。美國政府拒絕，藉口是「這樣的轉移只會讓他的處境更舒服也更幸福」。

　　1949 年，柏靈根獎（Le prix Bollingen）頒給了龐德的《比薩詩章》。儘管評審團的組成──Ｔ・Ｓ・艾略特、羅伯特・羅威爾（Robert Lowell）、Ｗ・Ｈ・奧登與康拉德・艾肯──爭議還是爆發了：一篇表達反猶太主義與法西斯主義意見的詩篇如何能得獎？編輯群大多為猶太人、敵視龐德的政治意見的《黨派評論》（*La Partisan Review*），推出了關於該事件的專題，作為對《詩章》的讚辭。

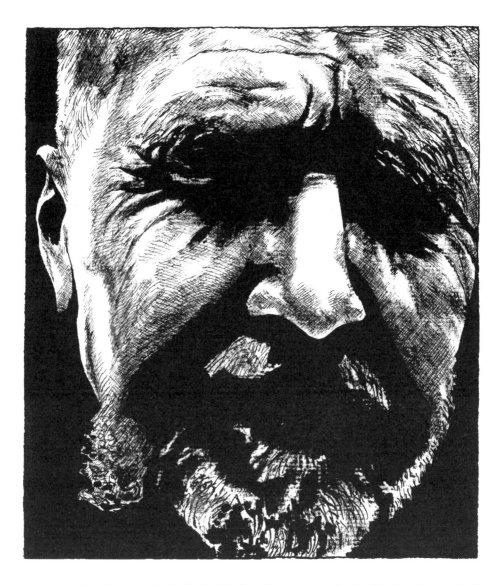

　　1958 年 5 月 7 日，因著許多人物的支持，其中包括海明威與艾略特，在拘禁了十三年後，伊斯拉‧龐德終獲釋放。他已經七十三歲了。

　　一個半月後，他搭乘克里斯多夫哥倫布號（Cristoforo Colombo）出發前往義大利，帶著他的妻子桃樂絲與一名年輕的英國女子，作為他的祕書——以及情婦。

　　正當在拿坡里的港灣航行時，他對剛認識的記者們說：「整個美洲都是外國人的避難所！」然後，抬起手，做了個法西斯的敬禮。

均質而空洞的時間

「我否定的，是對歷史而言虛假的事物〔……〕
卻在現實中擁有巨大的重要性。」

夏勒‧佩吉（CHARLES PÉGUY）
《我們年少時》（*NOTRE JEUNESSE*, 1910）

男人上路了。他獨自一人。天色蒼白，低懸在被成排的小灌木叢切開的田野上。烏鴉在風的呻吟中呱叫。男人從村裡來。不知前往何方。或許到鄰村，或許到溪邊或是密林裡。或許到消逝於海中的河邊的大城裡。

　　那要是沒路呢？沒有小道也沒有小徑呢？如果村子結束於最後一堵牆呢？

　　村子是石頭砌的，漂亮的灰色鵝卵石蓋起了教堂、市政府、雜貨店和理髮廳。別忘了還有幾塊磚蓋成了學校和街上成排的房子。還有蓋起小吃店的水泥磚。小吃店：道盡一切又沉默不語之處。社交的約會。在村子盡頭，還有墓園，每個人旅途結束之處。但沒有路。在墓園盡頭處，便不再有任何東西。草地、灌木叢、樹林，直到天際。

　　然後虛無開始。

　　村莊迷了路，而路，是世界的起點。一座沒有路的村莊，是沒有世界的村莊。去不了也回不來。我們停在教堂的鐘樓底下，徒勞地等了一個小時，因為沒地方要去或回來，除了分隔理髮店與小吃店的兩步路。我們忘了剛過去的一刻鐘。我們忘了最近的過去。我們忘了最遙遠的過去。我們不想知道第二天的任何事，或是將來任何一天的任何事，因為沒有路，沒有任何來自村莊外的事物。

當前的時代就像這座村莊。缺的不是路，而是一個過去和未來。這個時代只認得它的當下，一個被驅逐出它的過去又被剝奪了它的未來的當下，或是，根據班雅明的說法：「一個均質而空洞的時間。」不再有昨天了。不再有明天了。只有今天這天存在，將讓位給忘了昨天的明天。

　　動搖信念、破壞體系的，正是懷疑與意外，儘管他們因自己的行徑而筋疲力竭，當他們的力量到了巔峰，產生的只有下降。

　　無論如何，我們都是二十世紀的各種意識形態的繼承人。我們像是它們的笨拙的宿主，在對它們尚帶微溫的幻覺的否定中腐朽。我們絲毫不想繼承這些過時的信仰，因為我們夠清楚這都是些什麼樣的災害，全部，沒有例外──民族主義的，共產主義的，法西斯主義的。

　　然而，在這片消失的教條中，依然存在著某種現代的意識形態。若不利用過去的意識形態，它就會留下痕跡，某些怪癖、習慣或是計謀。但這種現代的意識形態否認自己是一種意識形態。它努力表現出擺脫了一切構成意識形態之事物的樣子，它也懂得製造幻覺。藉由面具與否認，它成功地讓人懷疑它的存在。我們可以撕下它的影子，要它承認：它不會逃避。但如果它高聲說出構成它的是什麼，是哪些不可告人的想法、哪些野心、哪些對霸權的渴望，我們也無法更進一步。如果這種意識形態並未彰顯自身，那是因為它沒有這樣做的必要。與基督教、共產主義或是法西斯主義相反，它去除了恐怖的誘惑。它不強迫我們禱告或是閉嘴。它滲入各處，直到最細微的事物中。它在隻言片語和耳語中得到表達。它從未表現出一個街區或是一張臉。我們認不出，或至少不太認得出它。它含糊其辭、耍手段、以最大的混淆妝點自己。這是它在自身內部感受到的喧囂。

　　不知不覺中，它狡猾地進入了我們的語言、我們的習俗、我們的判斷，以及我們理解現實的方式，從歷史開始。然而，正是從這歷史中，從這過去、現在與未來之間的運動中，我們想要剝去現代的意識形態。它刻意忽略了過去，以便更

好地沉溺於當下，一個必須不計一切地讓未來忘記的當下。未來：我們別忘了，二十世紀的意識形態熱中於忘記當下，以便在（當然是更好的、當然是更燦爛的）未來的承諾中忘記自身。

如今，未來首先是種威脅，一個糟糕而危險的、必須從我們的精神中去除的世界。對此，只要能夠激起遺忘就夠了。然而，一旦未來被遺忘，我們就能遺忘過去。

但是我們無法讓過去徹底消失。因此它必須以當下可以承受的方式出現：一段遙遠的過去，模糊，由皇室的假髮、海軍的勝利、凱旋的征服所造成。應該保留的只有偉大的日子、英勇的戰役和屬於博物館的輝煌。正是藉由對過去的篡改和對未來的拒絕，現代意識形態才構成並充當為意識形態。它帶著暴力，繼續以精錬的方式處理一切，永遠不會承認它的工作，是要有條不紊地廢除歷史的運動。這是種盲目的技術，一種已經證明自身的技術。從此之後我們就是在盲目中理解世界。我們置身於一個陌生的夜晚，一個無始無終的夜晚，因為它沒有過去也沒有未來。在這樣一個夜裡，我們都被暫停在當下。更好的說法是：我們都逃難到其中，就像在繭裡面一樣。

然而，在這暫停的時間裡，在這冰冷的當下中，一道最小的微光擾亂了這個有序的夜。這是由不確定性、矛盾與悖論所形成的微光。它並不向明天要求某種快樂的希望，而它同樣地也不與明天對立：明天永遠會維持其不確定性的承諾。未來，我們只能夢見它，而夢導向更好地夢見過去，一個不需如此放大的過去。必須為此擔憂，並為此毫無顧忌地批判。必須片刻不休地召喚它。矛盾的是，正是過去的悲劇與黑暗的時刻照亮了當下。

班雅明說過：「對歷史而言，發生過的都不失落。」但歷史並不是一系列接續的事件。

它並不在於知道真正發生的是什麼。而是要喚醒死者，所有死者，無一例外。我們必須聽見被消音的、悲慘的、無名的、官方歷史所排除的人的聲音。只有這些被重新找回的聲音能賦予當下某種現實。他們是隱形而沉默的保證人。

　　主人與征服者的聲音消失在被征服者的沉默中。官方歷史是他們的，這種「他媽的曾經」的歷史——班雅明說——是無人棲居的歷史，是缺席者的歷史。它缺乏身體、血肉、實質。

　　這種官方歷史滿足於它的書上寫著多少算是真實的功績，仔細地排除了被征服者的衝突。一整個沒有聲音的世界在人們熟知的軼事當中吼叫。過去的意識形態也是，都知道修補傳說，從可疑的到怪誕的、甚至是最明顯不可思議的傳說。然而，說到刻板印象，現代意識形態並非毫不相干。它的歷史英雄、它的戰爭英雄，為了要確保現身，演過頭了，儘管只是媒體上幾秒鐘的時間。他們偷走了所有無名士兵的主角身分。在所有征服者的部隊前頭，被遺忘者在呻吟中步履維艱。在歷史的等死之處沒有犧牲：沒有士兵，只有男人。

　　這是因為人們可以懷疑過去的寓言故事，即真正的過去可以重新展開。尼采在《歡愉的智慧》中指出：必須質疑整個歷史，因為過去很可能根本完全尚未得到探索。為此，必須求助於自身回溯的力量，好讓過去的祕密從它們的藏身處中走出來。

這種被稱為「歷史感」的新德性讓尼采感到非常高興。但這種感覺「還是個非常貧脊而冰冷的東西，還是讓許多人感到凍得發抖，而他們又使它變得更貧乏而冰冷」。

這是一種寬廣的、依然混亂的感覺，不知如何處理這個隱匿於集體記憶底下的大陸，表情又像是對自身的健康充滿哀憐的無藥可救的病人，或是為其年少充滿痛苦懷舊的老年。這樣的感覺要求我們付出巨大的努力。這不多不少，正是指要將全人類的歷史理解為自身的歷史。尼采也寫道：「將這一切都放到靈魂上，最古老的過去、最近的當下、所有的失落、希望、征服、人類的勝利，最後將這一切聚集在一個靈魂、一種感受中，而這將生出一種人類未曾認識的幸福……」

尼采的預感沒有不實現的。一個世紀的各種燦爛的未來，在恐怖與憐憫中被消耗掉。然後是我們：一個暫停的時間裡的或老或少的孩子，不再有任何做夢的力量，除了必需品什麼也感受不到，因為現代意識形態不會激起任何夢想。

我們所謂的資本主義，人們一般稱為自由主義，希望界定其現實為由競爭與利潤所支配的力量關係，這個運作缺乏祕密羅盤的全球社會，棲身在其缺席中的，也就是完美世界中的一個活生生的世界。而這個世界正是對時間的意識及其經驗。歷史的開始不單是透過哲學，或許也透過詩歌。

逃離法國

　　馬賽，在1940年時，大約有六十萬居民。根據某些資料，在隆河河口省（les Bouches-du-Rhône）的難民數量達到十萬之譜，其中來自占領區的法國人有一萬名，還有許多逃離納粹的猶太人。還有退役的軍人，其他則是即將被遣送回殖民地的人。

　　城裡湧進了大量的難民：西班牙共和派、民兵、老人、女人與小孩。

　　這座城也可算是「法國的犯罪首都」。

　　難民在聖夏勒火車站（la gare Saint-Charles）由慈善機構照顧，然後被帶到住宿地點，例如五月美人小學（l'école de la Belle de Mai）。

　　根據反抗軍的昂西・福瑞奈（Henri Frenay）所述，自從六月起，該城便已飽和了：「一間旅館房、一間可租的房間都沒有，火車站擠滿了人，夜裡人們就睡在廣場上，緊摟著他們的皮箱。」得支付過高的價錢，並且還得碰運氣，難民才能在小客棧裡找到幾小時的歇息。有些人就睡在浴缸裡。

　　在街上，人群擁擠漫溢到車道上，因為露天咖啡座入侵了人行道。到處都是人們在聊天、喊叫、握手。「這時候，」布考夫斯基指出，「爆發了永不停息的風暴。太陽變成了赤褐色，塵埃與穢物的漩渦在街上亂竄。」食物必須配給，還有菸草和葡萄酒、衣服與鞋子。人們拿洋薑、桉樹、艾蒿或椴木的葉子捲成菸抽。人們喝菊苣粉。人們吃鯡魚、大頭菜與洋薑。人們週日不再吃羊腿，吃的是「烤貝當」[6]，包著蒜頭的茄子。

　　此刻,班雅明應該取得一份離開法國領土的簽證,這份簽證只能由維希政府的警察局簽發。在無法取得的情況下,他打算要非法穿越庇里牛斯山區,前往美洲。他將穿過西班牙,然後在葡萄牙登船。許多難民選擇了這條出路,以可靠著稱,且將因此獲救。

　　此時,以及一個月來,班雅明都躲在馬賽,沒有文件,隨時有被法國警察或是納粹幹員逮捕的風險,這些幹員已經人數眾多。

　　城裡滿是過境的流亡者，在旅館或是居民家裡等著離開的時刻。法蘭茨與海倫‧赫塞爾（Franz et Helen Hessel）、海因里希‧布呂赫（Heinrich Blücher）以及特別是漢娜‧鄂蘭都在馬賽。對最後這位，他交付了各種文書，尤其是他最後一份手稿，著名的〈歷史哲學論綱〉。

　　班雅明也找到了他的巴黎鄰居阿瑟‧庫斯勒（Arthur Koestler），向他表達自己的沮喪與自殺的想法。庫斯勒表示：「他帶了五十顆嗎啡藥片，是他決定要在萬一被捕的時候吞的。他跟我說那足以殺死一匹馬，並且給了我一半的藥片——『以防萬一』。」

　　八月底，他終於取得美國簽證——霍克海默與波洛克（Pollock）為他弄到了
一份「財力證明」（Affidavit of Support）。

　　他已不再相信。由於研究所、特別是主任麥克斯‧霍克海默的急切推薦，一
道特別程序才能成功啟動。馬賽的美國外事館也給他的護照發了簽證。如此一來，
他一抵達巴塞隆納，領事館將給他一份美國護照。緊接著，他也獲得了西班牙與
葡萄牙的過境簽證。

　　然而，和許多難民一樣，他沒有離開法國領土的許可。沒有這份文件，就不可能以合乎規定的方式旅行。

　　法國的政治與行政安排不斷遭到質疑。今天一個決定，明天又另一個，矛盾的決定。這是絕對武斷的宰制。為了獲得簽證，花了幾星期乃至幾個月的心力走完的行政程序，鵝毛筆一揮就能一筆勾銷。

　　聖費侯路（rue Saint-Ferréol），移民被告知有間中國藥房以一百法郎的價格出售前往中國的簽證。他們很快就在辦公室前排起隊，那裡有公務員在護照上蓋中文戳章。稍晚人們透過翻譯，得知文本上寫的是：「持有此文件者嚴禁踏上中國領土，無論任何情況。」

　　在「自由地區」，人們在驚恐中談論昆德委員會（la commission Kundt）。

　　它跑遍了整個拘留營，一方面是為了釋放那些被監禁的納粹支持者，另一方面，則是為了建立可能移送給蓋世太保的反對者與猶太人的名單。這些名單被分送到港口與邊境哨。阻止某些移民離開國境。但這是最讓人擔憂的法國部隊。他們比蓋世太保還要熱中。

對障礙感到沮喪的班雅明，為一切試過了一切。和他的精神科醫生同伴——也是他的鄰居——福瑞茲・福蘭克（Fritz Fränkel）一起，他們偽裝成水手，登上了一艘貨輪，付了許多的賄賂。他們的外貌立刻引起當局的懷疑，年齡就更不用說了。「想像那個畫面，」麗莎・費特寇說，「福瑞茲・福蘭克醫生，柔弱的輪廓和灰髮，還有他的朋友華特・班雅明，外型略微笨拙，腦袋就像個知識分子，厚鏡片眼鏡後頭觀察入微的目光，假扮成法國水手……」

在遍地騷亂中，他們試圖躲過警察。

這個計畫荒謬到讓好幾個移民笑了：這樣的點子是如何可能被想像出來的？

在這次失敗後，班雅明開始尋求另一個解決辦法。就是在這時候，在最意外的情況下，他遇見了漢斯・費特寇，他在尼維爾營區的夥伴。這人對他說，他的妻子麗莎聽人說過一條路，能非法穿過庇里牛斯山。其他難民已經取道許多不同的山路了：利翁・福伊希特萬格（Lion Feuchtwanger）、海因里希與戈洛・曼（Heinrich et Golo Mann）、福蘭茲・費爾菲（Franz Werfel）與愛爾瑪・馬勒（Alma Mahler）、華特・梅苓（Walter Mehring）、蓋奧爾格・伯恩哈德（Georg Bernhard）與阿爾福瑞德・德柏林（Alfred Döblin）。

　　麗莎‧費特寇在馬賽港邊漫步了一會。她和一些工人聊天。其中有一人介紹
她認識公會裡一名可信的男人，後者沒問半個問題，便建議她去找文森‧阿傑馬
（Vincent Azéma），濱海巴尼於爾（Banyuls-sur-Mer）的市長──這個城市是
西班牙邊境前東庇里牛斯的最後一個城市。市長向她解釋，最後一條依然有保障
的路是「李斯特路徑」（route Lister）──塞爾貝爾（Cerbère）的沿岸小路可能
已經有機動警衛監控，他們服從蓋世太保的命令。但必須走一段相當陡的上坡路
才能穿過庇里牛斯山區的山脊。

　　1940 年 9 月 23 日——華特・班雅明、荷妮・古爾蘭（Henny Gurland）和她十六歲的兒子荷塞（José），登上前往濱海巴尼於爾（Banyuls-sur-Mer）的火車。這個小群體連夜抵達一家旅社，翌日清晨班雅明在距離巴尼於爾八公里的小鎮賣港（Port-Vendres）遇見了麗莎・費特寇。「請原諒我打擾您，親愛的女士。我希望我的造訪並不讓人討厭。您的丈夫向我解釋過如何找到您。他跟我說您將幫我穿過西班牙邊境。」她立刻就猜到年屆四十八的班雅明身體狀況並不好，她特別提醒他這趟行程的困難。

　　「這沒有關係，只要這條路是確定的。然而我得跟您說清楚，我是個心臟病患者，無法走得太快。此外，我還有兩名在馬賽遇上的夥伴，想要跟我一起穿越國境：一位古爾蘭女士以及她的年輕兒子。您願意帶上他們嗎？」

　　麗莎‧費特寇並不認得路。為了記下所有的指示，她拿了張紙，市長阿傑馬先生依記憶畫下路線的那張，加上了路標：一處不能錯過的岔路、一處可供定位的小屋、一塊有七棵松樹的平地，以及一片葡萄園。

　　他建議她從下午就出發探查，走第一段路程，直到距離約一到兩小時腳程的林中空地。「一直走上坡到這塊林間空地，然後回到巴尼於爾（Banyuls）。您在客棧過夜，明天早上四點，天還沒亮時，您就混到種葡萄的人裡面，然後您就能沿著山脊的方向直到邊境。」麗莎・費特寇注意到班雅明背著一個極重的黑色皮袋。「您知道，這個包是我最貴重的財產，絕對不可丟掉。它裡頭有我最新的手稿，不計代價也得讓它免於落入蓋世太保手裡。它比我本人還重要。」

　　班雅明有理由驚慌：對於像他這樣的人，無國籍、而且還是猶太人，「自由區」沒有任何自由。在法國警察的默許下，他恆常受到納粹及其告密者的監控。

　　在 1940 這一年，在德國及其兼併土地中施行的反猶太政策還不順利。各省省長不知道該拿在他們的領土上成千上萬已經融入的猶太人怎麼辦。希特勒遲疑了。他一開始似乎贊同把他們趕到馬達加斯加的想法。

　　希姆萊（Himmler）似乎是該計畫的啟發者，但是艾希曼與提奧多·達內克（Theodor Dannecker）草擬那份將四百萬名猶太人置於該島的報告。

　　在這個時期，希特勒首先關切的是戰事的進行。正如歷史學家伊恩·克索（Ian Kershaw）所述：「在這個時刻，在最低的程度上，『猶太人問題』對他而言只有次級的重要性。一般而言他並不會談到猶太人，除非有其他人撩撥——像是弗蘭克、希姆萊、里本特洛夫或是戈培爾，這些人全都和反猶政策直接相關。」

　　該計畫就這樣被放棄了。到了7月，有個侯貝‧瓦格納（Robert Wagner），
巴登區省長——亞爾薩斯和洛林就是被歸給這一區——他採取行動，將三千名亞
爾薩斯猶太人遣送到居爾集中營，在下庇里牛斯區。在10月，六千五百零四名
以上的猶太人被關進集中營，然後輪到其他人，從比利時或是荷蘭來的。
　　居爾集中營自此之後便被保留給普通罪犯和西班牙共和派——在1939年4
月到8月間有兩萬五千人待在那兒。

　　宣戰後，將近一萬名德國人與奧地利人被監禁——其中包括漢娜‧鄂蘭，在1940 年 5 月，以及藝術家夏洛特‧薩洛蒙（Charlotte Salomon）。我們也列出了法國共產黨員、社會主義者、無政府主義者、工團主義者、和平主義者，乃至於納粹同情者、法國極右派的擁護者。

　　從 1940 年 6 月 22 日休戰起，集中營就以猶太人為主要目的，大部分都是在德國、波蘭與中歐逮捕的。他們當中有一千人死於痢疾與傷寒。

　　在 1942 年 7 月，親衛隊（SS）軍官提奧多・達內克造訪時清查出三千九百零七名猶太人，他們將先被送到德朗西（Drancy），然後到奧許維茲，在那兒他們將被消滅。

　　下午時，麗莎・費特寇、華特・班雅明、荷妮與荷塞・古爾蘭這一小群人上路了。他們走過一處牛欄，抵達了一條略向左彎的小徑。班雅明呼吸急促。他得好好休息一陣，頻率必須固定。

　　走了三個小時後，他們終於抵達了林中空地。這個第一階段大約等於路程全長的三分之一。他們坐在青草上，稍事歇息，然後重新上路。但班雅明筋疲力竭，無法再站起身來。他對他的同伴說：「下山到巴尼於爾去。至於我，我將在夜裡走過這裡。你們明天早上就會看到我。」

　　麗莎・費特寇試圖勸他打消念頭。她聽人說那個地區滿是「野放的公牛」和走私客，他們會搶劫他。但他更怕蓋世太保，而往回走會提高落到他們手中的機會。

　　因此在林中只剩下他一個人，沒有食物或庇護。

　　就像班雅明和大部分的外國僑民一樣，卡麗娜・伯爾曼（Carina Birman）並未準備好離開法國。這位律師在奧地利大使館待了十年，「（她）一生中最幸福的幾年」。現在，她人在馬賽。來自占領區的旅客警告她，在火車上，蓋世太保揮舞著一張在自由區的通緝難民的名單，而她的名字就在前幾個名字上。因此她得盡快逃走。

　　但窗外並沒有火車經過。所有能夠借道大西洋逃走的港口與邊境哨全都封鎖了。在難民當中，某些人和西班牙的天主教機構有關係。有的人則有幸能找到汽車或是貨車，只是代價不菲。但那些既沒關係也沒錢的人得徒步爬山。

　　卡麗娜・伯爾曼和她的妹妹戴爾（Dele）、她們的朋友蘇菲・李普曼（Sophie Lippmann）與格瑞特・福若殷（Grete Freund），都和班雅明一樣，沒有出境簽證。她們唯一的出路是通過山頂的山路。

　　她們搭火車前往佩皮尼昂（Perpignan）。抵達時，火車站潛入了宵禁的黑夜裡。儘管困難，她們還是上了前往濱海巴尼於爾的火車，那是她們被警察逮捕、最後獲釋的地方。在 9 月 24 日白天，「在南方美妙的太陽下」，她們抵達了這座距離邊境只有幾公里的小城。在那兒，她們意外遇見了來自蒙托邦（Montauban）的奧地利社會主義者。這些人了解情況後，引薦她們給市長，阿傑馬先生，他推薦給她們一個值得信賴的男子，對整個地區都瞭若指掌，特別是走私客的路徑。

　　她們在下午進行了初步的探勘。

　　翌日，她們在早上四點重新上路。

　　混跡於葡萄採收工人當中，她們穿過了葡萄園──這裡的葡萄生產出著名的甜葡萄酒（vin doux de Banyuls）。另一小群走同樣方向的難民趕到她們前面。要與他們交談卻不引起葡萄採收工的注意是不可能的。

　　9月25日，清早上路，麗莎・費特寇和古爾蘭一家又走了一次前夜的路，混在葡萄採收工人間。等他們抵達了林中的空地，班雅明——「老班雅明」，一如麗莎・費特寇給他取的暱稱——正等著他們。他動也不動。他精神極佳，但看來十分衰弱：他眼睛外面有一大圈紅斑。麗莎・費特寇立刻想到是心血管急症的病徵。班雅明拿下了他的眼鏡，用手帕擦了擦臉：「您看見我的鏡框了嗎？它們在露水[7]的影響下褪色了。」

　　這四名難民重新上路,穿過陡坡前進,信任班雅明以某種洞察力破解的阿傑馬的草圖。他們抵達了一座葡萄園,滿是葡萄與黑葡萄,近乎垂直栽種,旁邊有條小徑,在突出的岩石遮掩的路底下,可以躲過法國邊境守衛的目光。這是條古道,從不可考的時間起就是走私犯借道之處。

　　班雅明緩慢而穩定地推進他的步伐。每隔十分鐘，他就停下來：「重要的是在我感到力竭之前要定時暫停一下。一個人永遠不該持續走到他的力量最極端的限度。」

　　兩名女士與男孩前來幫他，輪流拿他沉重的公事包。葡萄園沿路的斜坡越來越難攀登。班雅明快沒力氣了。他一步也走不動了。他得坐下。麗莎‧費特寇和荷塞扶著他。他困難地呼吸著，但卻不發怨言。

　「多麼奇特的人物！」麗莎・費特寇自言自語，「水晶般清澈的思想，內在不可馴服的力量，而在這一切之外，又難以置信地笨拙。」

　這一小群人走了五個小時。路徑似乎比阿傑馬的描述所預見的更長也更陡。他們決定停一下，分享一點麵包和番茄。他們都毫無胃口：長期待在營地，以及馬賽缺乏穩定的條件，讓他們的胃都打結了。

　　此刻，麗莎・費特寇該掉頭回法國了。她重複她的建議：「直接前往邊境哨，出示你們的證件：護照、路過西班牙前往葡萄牙的簽證。一旦蓋了入境章，你們就搭下一班車前往里斯本。我現在得離開你們了。再見！」

　　另一小群人，由卡麗娜・伯爾曼、她的妹妹戴爾、蘇菲・李普曼與格瑞特・福若殷組成，在天將亮時走上了同樣的路程。她們的領路人，在調轉回頭前，用手指向她們指出一座山頂，上頭有個沉重方形的十字架。他為她們指出抵達西班牙邊境的座標點。但她們只能勉強重新上路，免得迷路：往每個方向去都有十字架——「四座山頂，四個十字架。」

　　她們面前展開一道山谷，被一排山嶺給包圍著。

　　怎麼辦？往哪走？

　　這時候「一位年老的紳士、一名較年輕的女士與她的孩子」加入了她們。

　　卡麗娜・伯爾曼表示:「這位紳士,這個名叫華特・班雅明的德國大學教授,已經在心臟病發邊緣。在極度炎熱的九月爬山的困難,以及被德國人逮捕的焦慮,對他而言太沉重了。當我們停下來休息時,我們四處找水來幫助這個生病的男人。慢慢地他復原了,我們繼續我們的行程。」

　　自我介紹完畢，兩組人決定要一起走。他們花了不少時間爭論該走哪條路，
最後贊同班雅明明智的建議。在最後一次嘗試後，他們終於抵達了山巔，在那兒
他們看見了西班牙邊境的地中海。風景美得令人窒息。十四個小時了。在遠方的
低處，他們看見了波爾特沃（Port-Bou）的城鎮，以及其邊境哨，大約兩小時行
程。

　　一行人開始下山。半途中，在一片散發惡臭的寬廣綠湖前，班雅明跪了下來喝水。

　　「您不能喝這水！」卡麗娜‧伯爾曼對他喊道，「它顯然不乾淨。」

　　「如果不喝，我就沒辦法撐到底了。」

　　「理智點，您很可能會染上傷寒。」

　　「對，或許，但我最糟就是跨過國境後死去。蓋世太保抓不到我，而我的手稿也能倖免於難。」

　　過了最後一座山，在日落時，一群人遇見了第一批西班牙居民。蘇菲・李普曼渴了，向他們要水喝。一個男人消失了一會兒，拿了一杯水回來。她給了他幾塊錢幣，接著一群人再度上路。

　　最後，他們走進了波爾特沃。城裡面有些地方呈現出一幅廢墟景象：許多建築都已在內戰期間被毀了。

　　他們抵達了邊境哨所。警官粗暴地向他們表示他們被捕了：馬德里在里賓特洛甫密訪後發布的一道法令，禁止此後的難民穿過國境，如果他們身上沒有離開法國國境的簽證。他命令他們回到法國去。

　　接著好幾個小時，絕望的難民噙著眼淚，懇求指揮官核給他們入境簽證。卡麗娜‧伯爾曼費盡外交手腕，爭到他們可以在波爾特沃過夜。她向指揮官承諾他們會在翌日早晨十點回到哨所。

　　三名警察將他們帶到豐達・德・法蘭西亞旅館（l'hôtel Fonda de Francia），
他們在那兒被重新分成四個小組：蘇菲・李普曼和卡麗娜・伯爾曼在一個房間，
戴爾・伯爾曼和格瑞特・福若殷在另一間，荷妮・古爾蘭和她兒子在另外一間，
而班雅明則獨自待在一間房裡。

　　憲兵離開後，他們一起尋思有什麼方法能不用回法國。他們知道邊境關卡
和警察局裡幾乎都是德國祕密機關的線人，並且手上都有蓋世太保搜尋的人員清
單。回到法國代表某種驅逐出境。

　　蘇菲・李普曼和卡麗娜・伯爾曼有一點紙鈔和幾枚金幣。她們想要賄賂憲兵，但班雅明表示成果可疑。在他看來，旅館老闆肯定勾結了好些住在他屋簷底下的蓋世太保探員。到了晚餐時刻，在餐廳裡，難民們發現一群大多由納粹探員組成的客人。

　　於是班雅明打了四通電話，對象不明——他是否曾試著接洽巴塞隆納的美國領事館呢？

　　用餐過後，他把自己關在房間裡，在二樓的四號房。他寫了三封信：第一封
給于立安・法維茲（Juliane Favez），社會學研究所在日內瓦的代表；第二封給
荷妮・古爾蘭，她將負責轉交給阿多諾；而第三封信，很神祕地，是給一個西班
牙道明會的。

　　寫給荷妮‧古爾蘭的信，她後來撕掉又在回憶錄中重寫的那封，上頭有這些
文字：

　　「在一個無路可出的處境中，我沒有別的選擇，除了結束它。那是在庇里牛
斯山區的一座小鎮上，無人認識我，我的生命將在此告終。我請求您，轉達我對
我的朋友阿多諾的思念，並對他說明我的處境。我沒有足夠的時間寫下所有我想
寫的信。」

　　在會客室，蘇菲・李普曼和旅館門房協商。她請求他在她們與憲兵之間做中介。如果成功的話，他可以分到她們的金幣，她會給他。在她眼裡，這個男人絲毫不像個刺客：只有貪婪能刺激他——而她光憑一個人臉上的特徵能夠判斷其人格。經過討論，他答應在日出時讓她和憲兵搭上線。

　　在上樓睡覺時，她在走廊裡聽到四號房裡傳來的聲音。卡麗娜・伯爾曼起身後，發現班雅明半裸攤在床上，筋疲力盡而絕望。在小桌上，她看到他漂亮的鑲金手錶，錶蓋大開。他在任何時候都會看時間。他對她宣告，他不可能回到邊境了，他絕不離開酒店。她試著跟他講道理，一再告訴他沒有別的出路。他口齒不清地告訴她，自己在馬賽弄到了一種非常有效的毒藥。她請求他要有耐心，提醒他與門房的協議。

　　他堅持著他的拒絕，說他還想「離開這個他厭惡的生命」。荷妮・古爾蘭進了房間。她坐在他的旁邊，輪到她來與他夜談。

　　這或許已經太遲了：班雅明已經在晚上十點吞下了他的嗎啡藥片。

　　翌日清晨，9月26日，戴爾・伯爾曼發現他狀態極度虛弱。他對她說明他想和荷妮・古爾蘭說話。她趕忙衝到他的枕邊。

　　他對她解釋自己已經灌了大量的嗎啡入口，但得讓事情在憲兵眼裡看來像是單純的疾病。他交給她三封寫好的信，然後昏了過去。

　　根據格瑞特‧福若殷，她後來作證說，醫生在前一天夜裡已經來了，荷妮‧古爾蘭已經理解到他剛吞了過量的嗎啡。旅館老闆對法官肯定地說醫生「在幾天內」來了四次。

　　拉蒙・維拉・莫雷諾醫生（Dr Ramón Vila Moreno）到場時，診斷為急性腦中風。他那天又回來三趟，為臨死的班雅明進行各種治療，打針和放血。奇怪的是，他絲毫沒有注意到各種已知的中毒症狀：瞳孔收縮、反射動作的改變。荷妮・古爾蘭當時堅持要將班雅明送到菲格雷斯（Figueras）的醫院，但這位醫生反對。他拒絕承擔這樣的責任，主張病人並不適宜轉移到他處。她決定去找神甫，一同跪下禱告，持續了一小時。

　　華特・班雅明死於 1940 年 9 月 26 日，確切而言是在 22 點 35 分，根據波爾特沃喪葬登記處的紀錄。應是在他吞下毒藥後二十四小時。根據報告，地方法官斐南多・帕斯多・尼耶托（Fernando Pastor Nieto）在 22 點 35 分得知一名「外國旅客」死於旅館產權範圍內。於是他動身到死者房裡，發現他衣著整齊地躺在床上。

　9 月 27 日──卡麗娜・伯爾曼在戴爾、蘇菲・李普曼與格瑞特・福若殷的包圍下，急忙致電「許多人物」。旅館門房給她們端上咖啡時，突然來了兩名憲兵，命令她們即刻隨他們走。他們一同步行前往山區，直到要進入西班牙領土的地方，據他們說，這裡有「入境許可」正等著她們。在走了兩個小時之後，他們抵達了山頂。有條粗繩吊在木樁上，標明國界。另一頭站著隨同納粹的法國士兵。

　　這兩名憲兵建議這四名女士打電話給波爾特沃的警察局。他們開玩笑,一半出於殘酷,一半則是理解:「感謝我們沒把你們交給法國人!」接著,突然間,他們消失了。她們無人相伴,坐在懸崖邊,在灼熱的斜坡前面。暴風雨威脅著要把龍捲風從她們頭上壓下。她們決定回到波爾特沃。下了危險的陡坡後,她們從頭濕到腳,抵達了山腳下。已經晚上六點了。她們問西班牙人哪裡可以找到最近的邊境關卡辦公室。

　　這些人勸她們不要前去，因為才剛有兩群難民被捕並被送往德國。但她們沒有選擇。進到邊境關卡辦公室，她們首先被當成了吉普賽人。一場火熱的討論開啟，直到辦公室主任到場。他請她們坐下，出了房間，又回來跟她們說，竭盡他最好的法文能力：「我在你們的證件上貼了一張簽證。我已經在一張紙上為你們說明了你們要穿過西班牙該走的路，如果你們不想要被人傷害，而這裡有你們要穿過葡萄牙邊境的明確地點。現在，你們應該在今晚就離開波爾特沃。」

　　旅館門房現身邊境關卡的辦公室。他立刻要求拿回他的金幣。拿到工資後，他伴著四名女子到客棧，給她們每人一間通風的大房間，並邀請她們到食堂用餐。她們不知所措，心知西班牙苦於匱乏——甚至饑荒。到了用餐時刻，她們發現一張真正的宴會桌，上頭有豐盛的食物：奶油、麵包、雞肉、吐司、葡萄酒。桌子經過精心擺設，上頭有水晶杯、瓷器餐盤、銀製餐具。「一切都由本店招待，」客棧老闆臉上掛著大大的微笑宣布。

　　然而，在此刻，光線滅了。一名天主教神父走到儀式隊伍前面，隊伍裡有大約二十名身穿黑白長袍的僧侶，每個人都拿著一支點燃的蠟燭。他們唱著連禱（litanie），穿過食堂，走上樓去。他們來自隔壁的修道院，準備要到班雅明過世的榻上念追思禱文。沒有人注意到他是猶太人。荷妮·古爾蘭、卡麗娜·伯爾曼、格瑞特·福若殷以及其他人靜默。小小的儀式帶走了逝者的遺體。

HOTEL DE FRANCIA

BAR-RESTAURANT. HABITACIONES CON AGUA CORRIENTE

JUAN SUÑER

Avenida del General Mola, 5
Teléfono núm 9

Port-Bou 1 de octubre 1940

K/v.

Sr. D. El hoy difunto Benjamin Walter   DEBE:

	Ptas.	Cts.
Habitación . Día 25 . Habitacion y cena	12	—
27		
Pensión . . . . 28 ⎱ 4 dias habitación · 5 ptas	20	—
29 ⎰		
Desayuno. . . . 30		
Almuerzo . . . . . 5 swagosus con limon. 1 pts	5	—
4 conferencias telefonicas	8	80
Comida . . . . farmacia	13	—
vestir difunto 2 personas	30	—
desinfectar habitacion y		
lavar colchon y blanqueur	75	—
	163	80
servicio	1	65
sellos moviles	1	—
beneficancia	0	50
Total S. N. ú O. Pesetas	166	95
10 % servicio		
Timbre móvil e impuestos		
Recibido del		

這位莫雷諾醫生開了死亡證明，證實逝者死於一場「腦溢血」。荷妮·古爾蘭整天都花在授權使用的處理行政程序。她要求使用一塊墓地。他們提議一塊出租墓地，期限五年。這塊墓地，事實上是嵌入墓園裡的天主教堂牆上的一個穴。

鎮上的神甫，安德烈·甫萊沙（Andrés Freixa），開了張總計九十三比塞塔的收據，內含和 9 月 28 日的葬禮相關的服務。

　　教區的葬禮登記在第十六號下面提到：「1940年9月26日，在這裡，波爾特沃，在赫羅納（Gérone）教區暨省分，華特‧班雅明先生過世，時年四十八歲。生於柏林，旅居法國，與朵拉‧凱勒女士（Mme Dora Kellner）結婚。他在臨終時接受塗油禮。」

　　班雅明的屍體擺在布襯的棺木裡。六個男人扛著「華特博士」的棺材。在火化場，舉行了一場天主教儀式，在場有神甫與掘墓人。沒有其他觀禮者。

　　他被放到墓穴裡，位於墓園南端的正面。

　　華特・班雅明的屍體哪兒都找不到，儘管漢娜・鄂蘭在五年期滿之前進行了不少嘗試。她未曾看見她的朋友躺著的穴：第 563 號穴從 1940 年 12 月 12 日起便被芙蘭切絲卡・寇斯塔・羅賽特夫人（Mme Francisca Costa Roset）的棺木給占了。華特・班雅明的遺體可能已被扔進集體墓坑裡了。

　　在 1940 年 10 月 30 日的信裡，菲格雷斯的安全總局及東部邊境調查與監測
警察局，為了回應霍克海默的要求，詳列了班雅明隨身的「像批發商用的皮袋裡」
的內容：「一只男表錶，一支菸斗，六張照片，一台廣播機，一副眼鏡，好幾封
信和評論雜誌，以及幾張數量不多的紙，內容不明，也沒有多少金錢。」

　　班雅明死後八天，法國宣布了一條法律：「第一條：為施行本法，任何人若有三名祖父母是猶太種族，或是有兩名祖父母是此一種族，而其配偶亦為猶太人，皆視為猶太人。」

　　10月4日，拘禁外國猶太人的法律頒布了。在該法第一條明確指出：「由本法施行日起，猶太種族的外國僑民，其居住省分的省長得決定令其關押於特殊營區。」

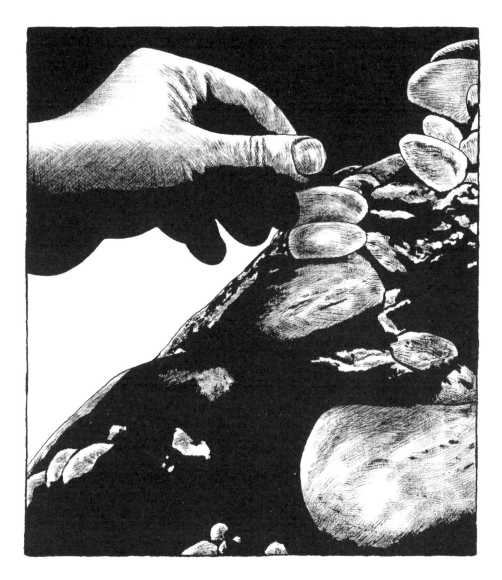

「猶太人被排除於：

1. 行政權
2. 立法權
3. 司法權
4. 一切被選舉人的集會

5. 公家機關
6. 教育機構
7. 軍隊的軍官階層
8. 媒體、電影與廣播」

　「告訴我，腦袋，依你被賦予的長才，此刻的我在想什麼？」

　腦袋回答他，嘴唇動都沒動，用清晰而分明的聲音，讓全世界都聽得到：

　「我不會變成思想。」

6. 法國名將，維希政府的領導，被認為在二戰中與納粹合謀。

7. 這裡班雅明說的露水原文是 la rosée，也有粉紅色之意。班雅明說的是一句體貼的俏皮話。

參考書目

Pour Walter Benjamin :
documents, essais et un projet
pour le monument « Passages »
de Dani Karavan à Port-Bou,
sous la direction d'Ingrid
et Konrad Scheurmann
AsKI : Inter Nationes, Bonn, 1994

Walter Benjamin, Gretel Adorno
Correspondance (1930-1940)
Gallimard, Paris, 2007

Walter Benjamin
Correspondance I, II
Aubier Montaigne, Paris, 1979

Walter Benjamin
Œuvres I, II, III
Gallimard, coll. « Folio », Paris, 2000

Bernd Witte
Walter Benjamin, une biographie
Cerf, Paris, 1988

Tilla Rudel
Walter Benjamin, l'ange assassiné
Mengès, Paris, 2006

Bruno Tackels
Walter Benjamin,
une vie dans les textes
Actes Sud, Arles, 2009

Jean-Michel Palmier
Walter Benjamin
Les Belles Lettres, Paris, 2010

Lisa Fittko
Le Chemin des Pyrénées
Maren Sell et Cie, Paris, 1987

Carina Birman
The Narrow Foothold
Hearing Eye, London, 2006

Renée Dray-Bensousan
Les Marseillais
dans la Seconde Guerre mondiale
Éditions Gaussen, Marseille, 2013

Ezra Pound
Les Cantos
Flammarion, Paris, 1986, 2002

Ezra Pound
Le Travail et l'usure
L'Âge d'Homme, Lausanne, 1968

John Tytell
Ezra Pound, le volcan solitaire
Seghers, Paris, 1990

Cahiers de l'Herne
Ezra Pound
Volumes I et II
Paris, 1965

Paul Léautaud
Journal littéraire
Mercure de France, Paris, 1986

Wols
Aphorismes
Le Nyctalope, Amiens, 1989

Benjamin Fondane
Poèmes retrouvés, 1925-1944
Parole et silence, Paris, 2013

Andrzej Bobkowski
En guerre et en paix,
Journal 1940-1944
Noir sur Blanc, Montricher, 1991

Charles Péguy
Notre jeunesse
Gallimard, Paris, 1918

Ian Kershaw
Hitler, 1936-1945
Flammarion, Paris, 2000

Cesare Pavese
Le Métier de vivre
Gallimard, Paris, 1958

Paul Nizon
Marcher à l'écriture
« Thesaurus », Actes Sud, Arles, 1997

Edgar Allan Poe
Poèmes
Flammarion, Paris, 1972

Cervantès
Don Quichotte
Le Livre de poche, Paris, 1965

聯經文庫

班雅明與他的時代3：逃亡

2019年2月初版　　　　　　　　　　　　　　　　定價：新臺幣330元
有著作權‧翻印必究
Printed in Taiwan.

著　　　者	Frédéric Pajak			
繪　　　者	Frédéric Pajak			
譯　　　者	梁	家	瑜	
叢書主編	李	佳	姍	
校　　對	馬	文	穎	
	陳	佩	伶	
整體設計	江	宜	蔚	
編輯主任	陳	逸	華	

出　版　者	聯經出版事業股份有限公司	總編輯	胡	金	倫
地　　　址	新北市汐止區大同路一段369號1樓	總經理	陳	芝	宇
編輯部地址	新北市汐止區大同路一段369號1樓	社　長	羅	國	俊
叢書主編電話	(02)86925588轉5320	發行人	林	載	爵
台北聯經書房	台 北 市 新 生 南 路 三 段 9 4 號				
電　　　話	(0 2) 2 3 6 2 0 3 0 8				
台中分公司	台 中 市 北 區 崇 德 路 一 段 1 9 8 號				
暨門市電話	(0 4) 2 2 3 1 2 0 2 3				
台中電子信箱	e - m a i l：l i n k i n g 2 @ m s 4 2 . h i n e t . n e t				
郵政劃撥帳戶	第 0 1 0 0 5 5 9 - 3 號				
郵 撥 電 話	(0 2) 2 3 6 2 0 3 0 8				
印　刷　者	文 聯 彩 色 製 版 印 刷 有 限 公 司				
總　經　銷	聯 合 發 行 股 份 有 限 公 司				
發　行　所	新北市新店區寶橋路235巷6弄6號2樓				
電　　　話	(0 2) 2 9 1 7 8 0 2 2				

行政院新聞局出版事業登記證局版臺業字第0130號

本書獲法國在台協會《胡品清出版補助計劃》支持出版。

Cet ouvrage, publié dans le cadre du Programme d'Aide à la Publication «Hu Pinching», bénéficie
du soutien du Bureau Français de Taipei.

國家圖書館出版品預行編目資料

班雅明與他的時代 3：逃亡/ Frédéric Pajak著 · 繪 .
梁家瑜譯 . 初版 . 新北市 . 聯經 . 2019年2月（民108年）.
232面 . 17×23公分（聯經文庫）
ISBN　978-957-08-5260-8（平裝）

1.班雅明（Benjamin, Walter, 1892-1940）　2.傳記

784.38　　　　　　　　　　　　　　　　　　108000162